プロ経営者・CxOになる人の絶対法則

キャリアインキュベーション
代表取締役社長
荒井裕之

THS経営組織研究所
代表社員
小杉俊哉

CROSSMEDIA PUBLISHING

はじめに

荒井裕之

2015年、私たちが『職業としてのプロ経営者』という本を出版してから8年が経過しました。

その当時はプロ経営者というと、テレビやビジネス書に出てくるような著名人をイメージする時代だったと思います。しかし、今ではそのような大御所ばかりではなく、一般的に知られていないような方でも素晴らしい活躍をされているケースも増えてきています。

私たちもプロのヘッドハンターとして採用マーケットに身を置いていると、この8年の間にも大きな潮流の変化を感じています。例えば、大企業における管理職の求人の人気が下がり、スタートアップや中堅・中小企業のCxO（組織における特定の領域での責任者や執行役のこと。本書で詳しく解説していきます）を狙う人が増えました。

また、コンサルティングファームがビジネスの活況により採用数を増やし、待遇面を向上させています。テック系企業では一部の間でレイオフなどもありますが、構造的には人手不足に変わりありません。

業績が良く求人ニーズが追いついていない企業は、人を採用するために待遇面を向上させているので、給与アップの流れは今後もしばらく続きそうです。

かつての転職市場では「転職35歳限界説」と言われ、35歳を過ぎてしまうと途端に転職先がなくなり、企業もできるだけ若くポテンシャルのある人材を求める傾向がありました。

しかし、今ではそれも昔の話で、40代や50代での転職もごく当たり前のものになりました。ただし、例えば大企業に入社し、一度も転職をせず、1社で30代半ばを過ぎるまで在籍し続けていると、その後に転職をしたくなったとしても募集先が少なくなってしまう、という実情は意外と知られていないものです。

逆に、ヘッドハンターから声をかけられて転職し、年収アップも実現できた、と浮かれるばかりで、経験を積み上げていないまま何回も転職を続けると、いつの間にか声がかからない人材になってしまう、というケースもあります。

つまり、どのタイミングで、どのような経験を積むことが、自分の市場価値を高めていくのかを考えながらキャリアを積むことが非常に大事ということです。

それを頭に入れた上で行動し、キャリアを築くことができれば、何歳になってもヘッドハントされる人材になることもできるのです。

私たちは20年以上の間、人材市場に身を置き、これまで何人ものプロ経営者やCxO人材と関わり、採用につなげてきた経験と実績があります。

そのため、どういう人材が企業から求められるのかを常に把握していますし、どのようなキャリアを描けばいいのかも理解してきました。そこで、これまで蓄積してきた情報を整理し、経営人材のキャリアの描き方やケーススタディを世の中に伝えたいという思いが、本書を作ることになった動機です。

本書では、数多くの経営人材の声に基づいた、優れたプロ経営者・CxOの思考と行動に迫っていきます。彼らがプロ経営者・CxOとして活躍するまでに、日々の仕事の中で何を思い、いかに行動していったのかに触れながら、あなたに経営人材のキャリアのスタートラインに立っていただくことを目的にしています。

また、第5章では実際に経営人材を登用する立場の日米大手PEファンドへの貴重なインタビューを行い、第三者目線から経営人材として活躍する人、そうでない人の特徴についてもまとめています。

大企業であっても終身雇用に頼ることのできない今、プロ経営者やCxOのキャリアへのチャレンジが、50代になっても転職市場から求められる人材で居続けることにつながり、結果的にキャリアの安定にもつながっていくと私たちは信じています。

キャリアとは、これまで自分が行ってきたことの積み重ねの先にあるものです。

将来はこうなりたいと考え、新たなチャレンジをしようと試みても、「家族が増える」「住宅を購入する」「借金してまでMBAを取得するべきかどうか」など、あらゆる事情が絡んできます。そして、その事情は人それぞれで、なかなか思うようにはいきません。

ただ、どの時期に、どのような選択をするかで、その後の人生は大きく変わっていくことは真実なので、自分の判断で良いと思える選択を積み重ねていくしかありません。

その時に思い出してほしいのは、「プロ経営者・CxOというキャリアは、人生をかけて挑戦するに値する仕事」ということです。

人生の限られた時間の多くを費やして働く以上は、1人のビジネスパーソンとして結果を残し、人や社会に貢献していることが感じられるのは、きっと幸せなキャリアと言えることでしょう。

「自分のキャリアを主体的に形成していきたい」

「経営人材として、トップの立場から組織を、そして社会を変えていきたい」

そう考える人のキャリアを再考する一助となれば幸いです。

第1章 日本は今、プロ経営者・CxOを求めている！

第2章 近年のプロ経営者・CxO像

第3章 プロ経営者・CxOの絶対法則

第4章　プロ経営者・CxOインタビュー

第5章 プロ経営者・CXOとして活躍する人、しない人
～採用側から見た～

第6章 プロ経営者・CxOになるためのロードマップ

特別協力：キャリアインキュベーション株式会社
マネージングディレクター　中村直樹
マネージングディレクター　佐竹勇紀
編集協力：岸川貴文

第1章

日本は今、プロ経営者・CxOを求めている！

第1章では、経営人材を目指す上で、いかにプロ経営者やCxOが世の中から必要とされているのか、社会的背景も交えながら見ていきます。

経営者になるための「第3のルート」

一度きりの人生、せっかくなら「経営者」として生きていきたい。もしくは、「経営人材」として組織の中で力を発揮していきたい。

本書は、そんな「経営」のキャリアを一度でも考えたことのある方に向けて書いたものです。では実際に、経営のキャリアを掴むにはどんなルートがあるのでしょうか。

かつての日本企業では、新卒で入社した会社で順調にキャリアを積み重ねていくと、課長から部長、役員へと出世していきました。そして最終的には、社長へと上り詰めていきます。

終身雇用が約束され、1社で勤め上げることが前提だった時代では、王道のルートとして誰も疑うことはありませんでした。このような「叩き上げ人材」として経営者になる人を、本書では「サラリーマン経営者」と呼ぶことにします。

ほかには、自ら事業を興し、一代で「起業家」として経営に携わる人もいます。

近年では、より一層「個の時代」を色濃く表すルートとして、会社員を経験せずにいき

プロ経営者・CxOとは、適切なタイミングで転職し、若い頃からチャレンジングな組織の環境に身を置きながら、いち社員としてではなく「経営人材」として招かれる存在

なり起業に挑戦するケースも増えてきました。

そして、1つの会社組織の中で役職を積み上げるのでも、起業家として経営に携わるのでもない、第3のルートがあります。

適切なタイミングで転職し、若い頃からチャレンジングな組織の環境に身を置き、そこで積み上げた経験を生かし、いち社員としてではなく「経営人材」として招かれるケースです。

このように、外部から招聘《しょうへい》されて経営者になる人のことを、「プロ経営者」といいます。昨今ではこのプロ経営者を含めて、営業やマーケティング、ファイナンス、情報システム、人事、経営企画、製造など各機能の責任者として任命される「CxO」という役割も一般的になってきました。

本書でお伝えしたいのは、この「プロ経営者」と「CxO」を担える人材が、いかに世の中から必要とされているかということです。

外に目を向けると、アメリカでは外部からのCxOの起用は昔から行われていました。日本でプロ経営者やCxOが見られるようになったのは、主に2000年代頃からでした。

PEファンドとは、機関投資家や個人投資家から集めた資金により、事業会社、未公開会社、あるいは業績不振の上場企業や一部門などに投資し、企業価値を高めていく存在

日本でこの当時から経営人材が増えたのはなぜでしょうか。

その背景には、バブルの崩壊が関係しています。1990年代以降、日本企業が苦境に立たされる中、欧米型のマネジメントシステムを導入し、大企業を中心に企業変革を図っていったのです。特に外資系企業の場合、外部からプロ経営者やCxOを招聘するのはより一般的になりました。

日本の中小企業も同じように変革を迫られ、同じ釜の飯を食べた新卒入社の中から社長を選ぶ、かつての日本的経営から徐々に変化を遂げていきました。とはいえ、伝統的な日本企業では、外部からプロ経営者やCxOを招くという事例はまだ少なく、日本を代表するトヨタを初めとしてその多くは生え抜きの人材がトップを担っています。

企業変革が迫られる中で、PE(プライベートエクイティ)ファンドという存在も認識されるようになりました。

PEファンドとは、機関投資家や個人投資家から集めた資金により、事業会社、未公開会社、あるいは業績不振の上場企業や一部門などに投資し、企業価値を高めていく投資ファンドのことです。その上で、株式を売却することで資金を回収し、投資家への利益配分を目的として活動しています。

このＰＥファンドが投資した企業の企業価値向上を実現するために、経営人材を外部から招聘するケースが広く行われるようになってきているのです。

経営人材が必要になるシーン

ここからは具体的に、プロ経営者やＣｘＯのような経営人材が必要とされる場面を見ていきます。経営人材が必要とされるシーンをまとめると、次のようになります。

①外資系企業の日本進出
②大企業の外部招聘
③ＰＥファンドによる登用
④オーナー系中小企業の事業承継

特に今後は、①のニーズが大きく増加することは考えにくく、②も数年に一度の頻度でしか発生しません。それに対して、③と④のニーズは間違いなく増えていくと考えています。

各国が大規模な金融・財政政策を打ち出した結果による、「カネ余り」が生じたこと、欧米と比較して日本企業の株価が割安なこと、日本の金利が低水準なこと、円安の継続などを背景に、ＰＥファンドはＭ＆Ａを進めやすくなっています。

また、④の中小企業の事業承継のニーズも同様です。

事業承継に困っている企業のオーナーは、資金調達に苦戦するだけでなく、会社を任せられる人材を育てられないという問題も存在しています。

オーナーの考えとして、地元の経済界での地位や、社員の雇用を守ろうとし、倒産して会社が消滅してしまうことはどうしても避けたいはずです。このような背景からも、会社を存続、発展させられる経営人材が求められているのです。

プロ経営者・ＣｘＯが必要な組織

前項でも触れたように、プロ経営者やＣｘＯは、主に外資系企業、ＰＥファンド投資先企業、そしてオーナー系企業から求められている人たちです。それぞれにオポチュニティ（機会）とリスクがあるので、詳しく見ていきましょう。

■「外資系」のオポチュニティ

外資系企業の社長は、日本企業の社長とは様々な点で異なります。

まずは責任範囲に違いがあります。外資系企業の日本法人社長は、外資系本社の出先として日本法人の責任を持つだけです。本国から指示を受けた戦略を日本で実行するだけで、予算も決められ、自由度は少ないという特徴があります。

外資系企業によく見られるポジションに、「ヴァイスプレジデント」というものがあります。日本では「副社長」と訳されたりしますが、実態は役員でもなく、事業部長くらいの位置づけになります。「日本支社長」の方が、本来のイメージに近いかもしれません。

今の学生からすると、新卒で外資系企業に入ることへの抵抗もなくなっています。日本で長くオペレーションをしている名門外資系企業に入るのは、日本の大企業よりも難しいところがいくらでもあるのが現状です。

また、外資系企業には中途採用でも様々な背景を持つ人が入社し、社長も画一的なルートで決まるわけではありません。つまり、どんな人にでも社長になるチャンスがあるということです。

活躍し、業績を上げていけば、非常に高い評価を得ることが比較的容易にできる外資系企業は、経営者になりたい、という人にとっては注目すべき環境といえます。

■「外資系」のリスク

外資系企業のトップは、まず本国のお眼鏡にかなった人物かどうか、という見極めを経て採用されます。そのため、人材紹介はグローバルに拠点を持つ、外資系のエグゼクティブ・サーチファーム経由で人材を探していきます。

ほかにも、本国からは会議やレポートなどを通して報告を求められますが、働き方や日常生活に対する制約は少なく、比較的自由に働くことができます。特に外資系企業は、夏休みやクリスマス休暇などを長く取ることも多く、日本企業の社長よりも休みを取りやすい面があります。

しかし、これらは課された業績を達成するという前提のため、結果を出せなければ即座に解任されるリスクは常につきまといます。

また、外資系では日本法人の社長とはいえ、基本的には本国からの指示に従い、割り当

PEファンドが企業経営に参画するケースは、企業再生、M&A、カーブアウト、IPO、風土改革、ガバナンス強化など、ほとんどが企業の変革を伴うもの

てられた業績の達成を期待されます。日本企業と比べ、仕事における意思決定の自由度の少なさもリスクの1つです。

■「PEファンド投資先企業」のオポチュニティ

PEファンドは、自社の社員を投資先の企業に送り込むケースもありますが、外部からプロ経営者を招いて経営を託すケースが一般的です。

特にPEファンドが企業経営に参画する場合、企業再生、M&A、カーブアウト、IPO、風土改革、ガバナンス強化などの変革を伴うケースがほとんどです。

また、プロ経営者を送り込んだPEファンドは大株主として、社内外に睨みをきかせてくれています。そのため、外部から送り込まれたとしても、基本的には社員が表立って逆らうようなこともありません。

つまり、プロ経営者にとって存分に手腕を発揮するお膳立てがすでにできている環境といえます。

■「PEファンド投資先企業」のリスク

PEファンドが投資している企業は、プロの投資家から厳しく評価されることになり

ます。当然、期待された成果を上げなければ、別の経営者に取って代わられることも十分考えられます。

また、場合によっては企業の再生方法、成長戦略がＰＥファンド側で細かく定められていることもあり、経営の自由度は比較的少なくなります。

■「オーナー系企業」のオポチュニティ

オーナー系企業とは、未上場で企業の創業者が経営者をしているか、上場企業であってもオーナー一族が多数の株式を持ち、筆頭株主になっているなど、実質的にその企業の経営権を握っている企業を指します。中小企業を含めると、オーナー系企業にはプロ経営者のポジションが最も必要とされています。

オーナー系企業では、肉親を後継者として指名するのが一般的ですが、子どもがいない、あるいは子どもや身内がいても適当な経験、能力を有する人材がいない場合、第三者に経営を任せる選択を取ります。

もちろん、最初からプロ経営者に譲り渡したいと考えるオーナー経営者も少なからず存在します。帝国データバンクの調査によると、コロナ禍以降急速に減っているものの、後継者不在率は57・2％と、2社に1社以上が後継者不足に悩んでいることが見て取れます。

また、オーナー系企業ではオーナーの後ろ盾もあり、基本的には経営を全権委任されているため、プロ経営者としてスピーディーな改革を実行するのに非常に有効な環境といえます。

■「オーナー系企業」のリスク

オーナー系企業でプロ経営者が手腕を発揮できるかどうかは、ひとえにオーナーとの相性、どのくらい信頼を得られるかに左右されます。また、企業のオーナーというのは、必ずしもPEファンドのように合理的に動く人ばかりではないというリスクもあります。

例えば、「ニデック」と社名を改めた日本電産では、創業者の永守重信会長兼CEOは、自身の後継者として日産副社長だった関潤氏

後継者不在推移（全国・全業種）

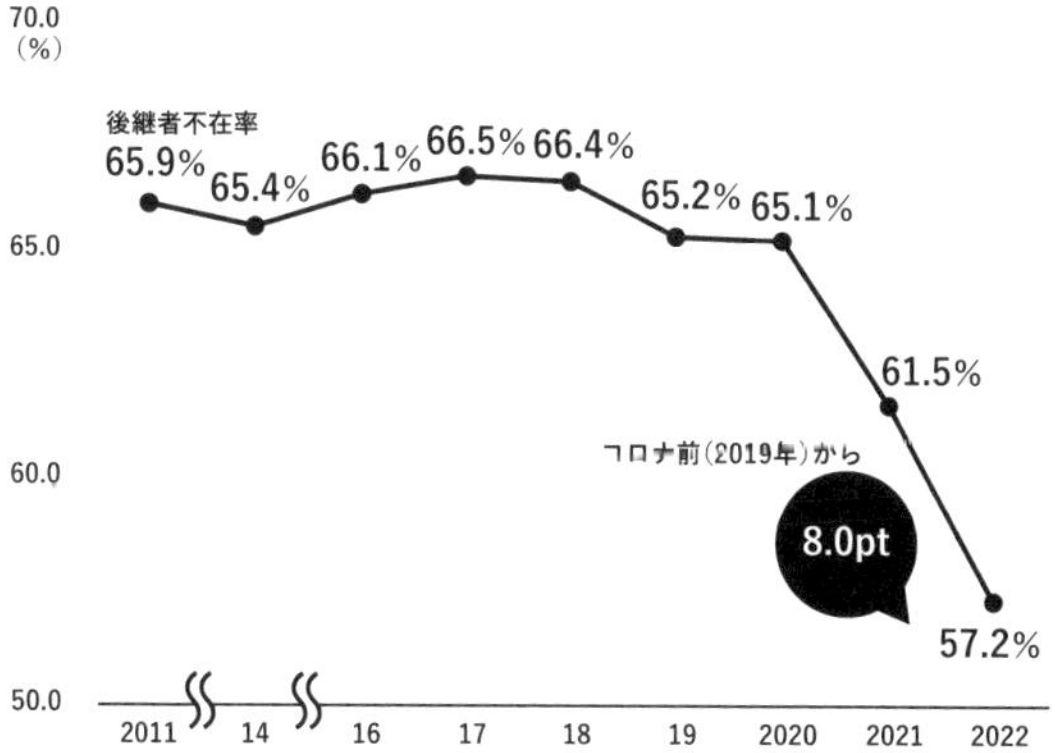
70.0
(%)
65.0
60.0
50.0
後継者不在率
65.9%
65.4%
66.1%
66.5%
66.4%
65.2%
65.1%
61.5%
57.2%
コロナ前（2019年）から
8.0pt
2011
14
16
17
18
19
2020
2021
2022

https://www.tdb.co.jp/report/watching/press/pdf/p221105.pdf
帝国データバンク調べ

を招き入れました。社員からの信任も得ていたそうですが、突然解任されたことは記憶に新しいところです。

その前にも、日商岩井（現双日）、GE（ゼネラル・エレクトリック）などを経て日産幹部となっていた吉本浩之氏を、さらにそれ以前にカルソニックカンセイ（現マレリホールディングス）元社長の呉文精氏と、日本電産では10年間に3度後継者選びに「失敗」をしているわけです。

この事例からもわかるように、オーナーと良好な関係を築けなければ、たとえ業績が順調でも、経営者が社員から受け入れられても、解任の憂き目に遭ってしまうのです。

ほかにも、PEファンドが支配権（過半数の株式）を持ちつつも、オーナーが一定の株式を持ち続けるケースも要注意です。PEファンドとオーナーでイグジットの方針が食い違うこと（例えば、PEファンドはトレードセールを前提としているが、オーナーはIPOを目指している、といった食い違い）が散見されます。

プロ経営者・CxOが求められる理由

大企業にせよ、スタートアップにせよ、PEファンドが買収した企業、オーナー系企業にせよ、外部から経営人材を招聘する理由は主に3つあります。

1つ目は、変革の必要性に迫られて外部招聘するケースです。

世の中全体が右肩上がりで成長していたバブル期までは、苦楽をともにしてきた新卒入社の社員に経営を任せても問題なかったのかもしれません。しかし、等しく貧しくなっている現在の日本では、そう単純なものではありません。

企業のしがらみに囚われず、事業や組織を変革するには、厳しい環境で腕を磨いたプロの経営人材の方が適しているケースも出てきています。

また、ビジネスにおける外部環境が変化するスピードも速くなるばかりで、自社のリソースだけでは対応しきれないケースも増えてきています。そういった状況に対し、プロ経営者やCxOの外部招聘が検討されていくのです。

プロ経営者・CxOが求められるシーンは、企業変革、事業承継、大企業のカーブアウトやM&Aのとき

2つ目は、事業承継の案件など、後任不在のために外部招聘するケースです。先ほども触れたように、ニデックのような大企業だけでなく、中堅・中小企業でも後継者問題へのニーズは今後も増え続けていきます。

データを見ても、中小企業庁の報告によると、事業承継系のM&Aの件数は、2014年に235件だったのに対し、2019年には616件とおよそ2・6倍も件数が伸びています。

そして3つ目は、大企業のカーブアウト（親会社が戦略的に子会社や一事業を切り出すこと）やM&Aに伴い外部招聘するケースです。

近年では日立製作所やオリンパス、資生堂に見られるように、企業が選択と集中を強化するためにカーブアウトを行うケースも増えています。また、グローバルでの競争力を高めるために企業同士が合併し、その幹部としてプロ経営者やCxOを外部招聘するケースも増えてきています。

日本におけるM&Aの件数は、2010年では約1600件でしたが、2017年に初めて3000件を超え、2019年には4000件を超え（レコフ調べ）、その数に比例して経営人材のニーズも高まっているといえます。

特に２０００年代の日本では、優秀な人材が国内企業で経験を積み、成長を見込める場として外資系企業に転職し、日本支社長のポジションに就くケースがありました。

しかし、日本企業の存在感が世界の中で弱まっていくと、次第に外資系企業では経営人材を採用する人数が減り、優秀な人材が流動しづらくなっていきました。その結果、かつては外資系企業に流れていた人材が、現在では日本企業での経営人材として招聘されるケースも増えていったのです。

特にＰＥファンドが絡むＭ＆Ａでは、３つのパターンのいずれにも関与し、ほとんどの場合に外部から経営人材を招聘して組織体制を整えていくので、プロ経営者やＣｘＯのニーズの底上げにつながっているのです。

M&Aの件数

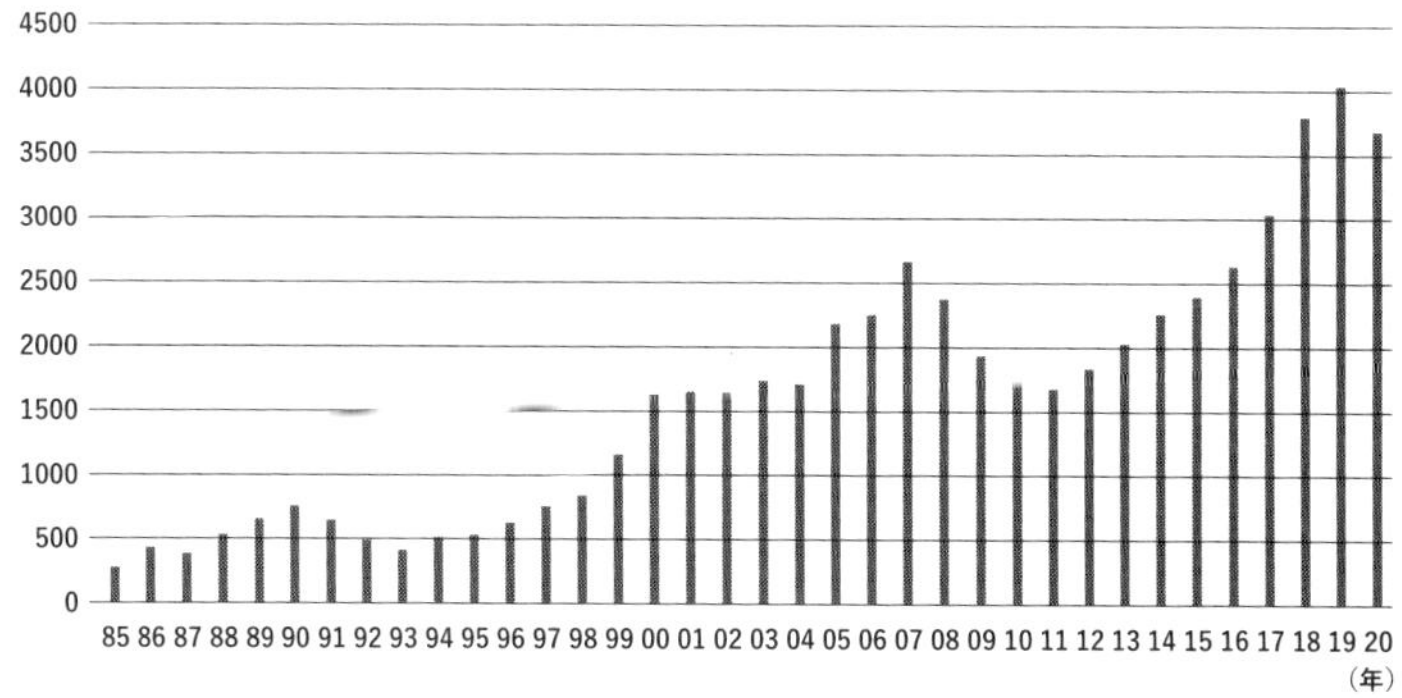

https://ma-succeed.jp/content/knowledge/post-6178
レコフ調べ

ちなみに、PEファンドによる投資も2000年代前半より徐々に増えていましたが、リーマンショックを境に一度減少に転じ、下げ止まったのが2010年ごろでした。さらに2011年の東日本大震災によって再び停滞しますが、その後は2016年ごろから右肩上がりに増え、活況を呈しています。

日本プライベートエクイティ協会が行った調査によると、プロ経営者が雇用されるケースは震災後に30件へと落ちてしまいますが、現在は500件まで超えています。

このように、変化が必要とされる時代の中で、アップダウンをしながらも、経営人材のニーズは再び高まってきているのです。

PE市場は2000年から台頭し、2016年以降は成長軌道

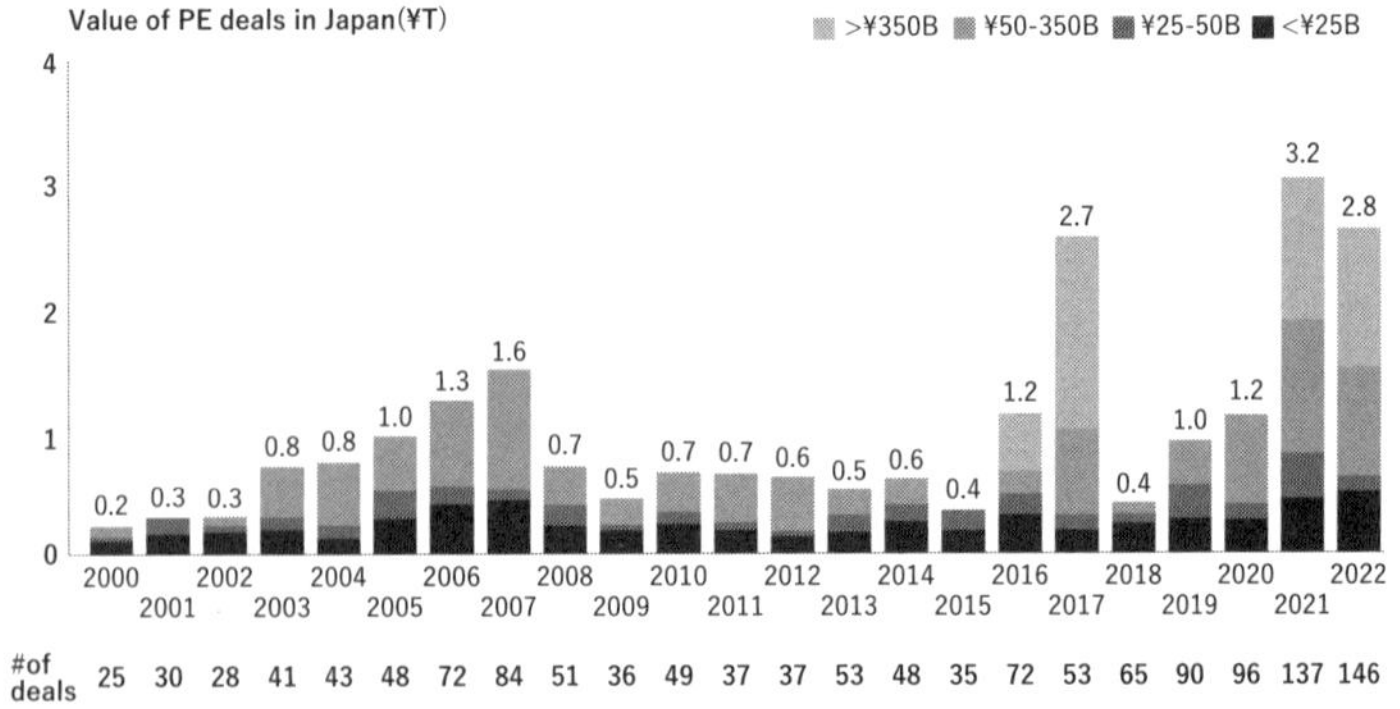
Value of PE deals in Japan(¥T)
>¥350B
¥50-350B
¥25-50B
<¥25B
0.2 0.3 0.3 0.8 0.8 1.0 1.3 1.6 0.7 0.5 0.7 0.7 0.6 0.5 0.6 0.4 1.2 2.7 0.4 1.0 1.2 3.2 2.8
2000 2001 2002 2003 2004 2005 2006 2007 2008 2009 2010 2011 2012 2013 2014 2015 2016 2017 2018 2019 2020 2021 2022
#of deals 25 30 28 41 43 48 72 84 51 36 49 37 37 53 48 35 72 53 65 90 96 137 146

出典：一般社団法人日本プライベート・エクイティ協会「日本におけるプライベート・エクイティ市場の概観」
https://jpea.group/private-equity/overview/

実際に、私たちが関わってきた経営人材の転職実績を見ても、転職マーケットはこの5年（2018年度と2022年度の実績を比較して）で2倍以上に成長しています。

圧倒的に足りない「経営人材」

ここまで、いかにプロ経営者やCxOといった「経営人材」が国内外の企業から求められているのかを伝えてきました。しかし、日本企業に経営人材の需要に応えるだけの母数があるかというと、「まったく追いついていない」のが現状です。

では、「経営人材」とは、具体的にどこに存在するのでしょうか。

特にプロ経営者の場合、採用の要件として「経営経験」を求められますが、若くしてその経験をしている人はほとんど存在しません。また、いわゆる「抜擢人事」のような形で、意図的に経営人材として育成しようという意欲的な日本企業もそう多くありません。

ほかにも、経営人材を必要とする企業が求めるのは、「大企業で子会社の経営管理を行う人」、あるいは社長の経験はなくても「事業統括をした経験のある人」など、非常に限られた人材になってしまいます。

もしくは、コンサルティングファームに身を置き、経営コンサルタントとして腕を磨いてきた人材も候補に該当しますが、すぐに経営者として採用されるケースはそれほど多くありません。


読者の方によっては、起業家も経営人材として外部招聘される選択肢に入るのではないかと考えるかもしれません。しかし、長くプロフェッショナル人材の転職支援に携わってきた私たちからしても、そのケースはほとんどありません。

なぜなら、0から1の事業づくりが得意な人と、すでに企業が持つリソースを10や100にしていくのに長けている人では、スキルもメンタリティもまったく違うからです。

特に起業家の場合、自分が考える商品やサービスが世の中に受け入れられるかを問いたい、社会への問題意識に対して事業を通じて解決したい、といった強い志を持っている方が多いはずです。このような志を持ちながら事業を興せる人は、日本にとって非常に貴重な人材になる一方、「経営能力」という面ではすべての起業家が必ずしも優れているとは限らないのです。

このように見ていくと、日本の「経営人材」がいかに限られているかがおわかりいただけるのではないでしょうか。

ただ、この後本書にも登場するショーワグローブの星野達也氏のように、「起業」と「プロ経営者」、両方の経験を持つ方も実際にいらっしゃいます。

星野氏がプロ経営者になったのは、「自分の経営スキルを世の中に役立てたい」という強い思いが背景にあったといいます。実際に星野氏はこの思いから、前職ではプロ経営者としての力を発揮し、売上が1000億円から100億円台まで10分の1にまで落ち込んでいた会社を見事に復活させていきます。

とはいえ、このような形で抜擢される事例は極めて少ないケースで、今後も日本での「経営人材」は恒常的に不足する状況が続くと考えられます。

経営人材の求人ニーズと、大企業の候補者とのギャップ

すでに述べたように、経営人材の求人ニーズが発生するのは、多くの場合、会社に変革が求められているときです。

そのため、変革を求めている企業は、実際に企業を再生させた成功体験を持ち合わせた人を求めます。しかし、こうした経験を持つ人材は極めて少ないのが現状です。

一方で、経営に携わりたいと希望する候補者の中には、すでに50代で大企業の1社のみを経験し、現職では役員になれそうもないのなら、中小企業の役員として活躍の場を移したいと考える人もいます。

当然ですが、大企業で1500万〜2000万円の年収だった人が、同等の給与レベルで中小企業に移り仕事ができるはずがありません。むしろ、大企業での働き方（資金や人材といったリソースが豊富にある）と中小企業での働き方は異なるため、そういった美味しいオファーが出ることはほとんどないのが実態です。

直近の年収が下がっても、経営経験に価値を見出すような気概が必要

プロ経営者やCxOになろうと考える人は、たとえ直近の年収が下がったとしても、報酬ではなく経営経験に価値を見出すような気概がなければいけないのです。

アメリカの企業では、入社当初から「あなたはリーダー候補です」と指名を受け、周りの社員たちもわかる形で公表されます。また、他にリーダー候補者がどのくらいいるのかも把握できる環境で、ビジネスを行っていきます。

そして、若いうちからリーダーシッププログラムを経験し、社内外でネットワークを作っていきます。そうしてふるいにかけられた上で、条件をクリアした人材だけが真のリーダーとして勝ち残っていくのです。

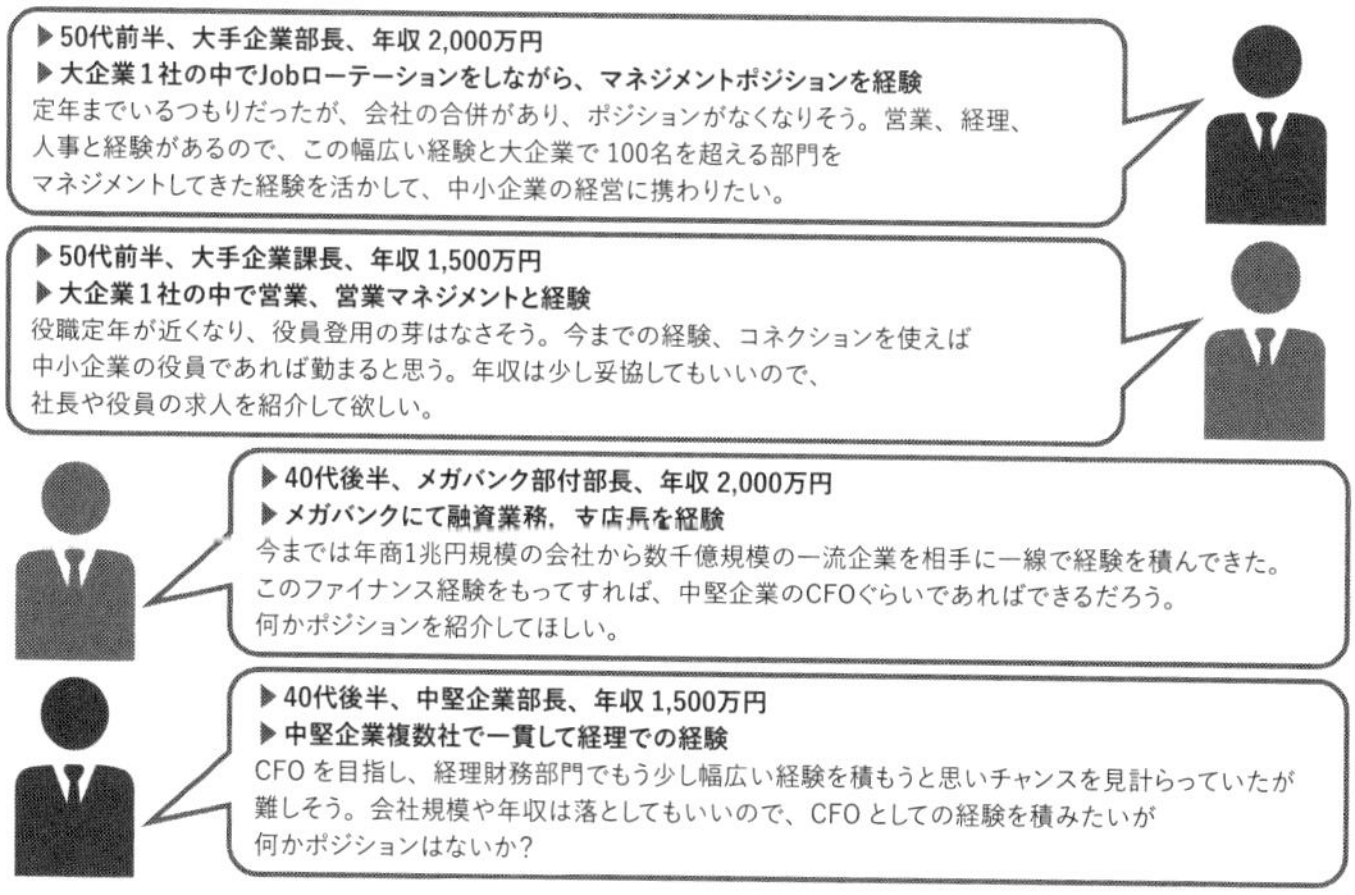

▶50代前半、大手企業部長、年収2,000万円
▶大企業1社の中でJobローテーションをしながら、マネジメントポジションを経験
定年までいるつもりだったが、会社の合併があり、ポジションがなくなりそう。営業、経理、人事と経験があるので、この幅広い経験と大企業で100名を超える部門をマネジメントしてきた経験を活かして、中小企業の経営に携わりたい。
▶50代前半、大手企業課長、年収1,500万円
▶大企業1社の中で営業、営業マネジメントと経験
役職定年が近くなり、役員登用の芽はなさそう。今までの経験、コネクションを使えば中小企業の役員であれば勤まると思う。年収は少し妥協してもいいので、社長や役員の求人を紹介して欲しい。
▶40代後半、メガバンク部付部長、年収2,000万円
▶メガバンクにて融資業務，支店長を経験
今までは年商1兆円規模の会社から数千億規模の一流企業を相手に一線で経験を積んできた。このファイナンス経験をもってすれば、中堅企業のCFOぐらいであればできるだろう。何かポジションを紹介してほしい。
▶40代後半、中堅企業部長、年収1,500万円
▶中堅企業複数社で一貫して経理での経験
CFOを目指し、経理財務部門でもう少し幅広い経験を積もうと思いチャンスを見計らっていたが難しそう。会社規模や年収は落としてもいいので、CFOとしての経験を積みたいが何かポジションはないか？

こうして、アメリカの企業では誰が次のリーダーシップ候補なのかがある程度可視化されているのです。

一方、日本企業の場合は、目の前の仕事に懸命に取り組み、一定の成果を出していれば、ある日「リーダーをやってみないか？」と打診される機会もあります。

つまり、誰がリーダー候補なのか、組織の中でも人事と一部の上層部しか把握していないのが現状なのです。

周りの社員から見ても、「営業成績が抜群だから、あの人が幹部候補かな」といった感覚で、リーダー候補が誰なのか本人すらわからないような状況も見られます。

その結果、55歳で役職定年を迎え、「あなたは候補に入っていません」と最後通牒を受けるまで、自分がいつの間にかリーダー候補から外れていたことに気づけないのです。

こうした会社で働く人は、たとえ仕事の中身が伴っていなかったとしても、社名が自分のキャリアや能力を表していると錯覚してしまうことが多く見られます。こうした錯覚をしている人は、その会社で培ったロジックでしか仕事ができず、転職して外に出た途端、これまでの仕事の進め方がまったく通用しなくなってしまいます。

大企業から経営人材として転職できる人は、例えば新規事業をゼロから立ち上げて軌道に乗せた、低迷事業を復活させた、ゼロから人事体制づくりをした、といった経験を積み上げてきた、組織の中で主体的に仕事をしてきた人たちです。

そこに至るまでに、大企業の中での仕事との向き合い方、実績、真のリーダーシップ、そして運の違いにより、経営人材として求められるかどうかが決まっていきます。

どんな人でも、年齢を積み重ねていくと、これまでの仕事のやり方を変えることが難しくなっていくものです。

それを自覚せず、昔の仕事に固執し、転職先でも過去の実績を押しつけ、上からものを言うような態度では、どんな環境であっても望む成果を出すことはできないのです。

典型的な求人

求人票 1	ファンド投資先企業（ラージキャップ）、CEO、年収 3,000 万～ 5,000 万円＋成功報酬
求人票 2	ファンド投資先企業（ミドルキャップ）、CEO、年収 2,000 万～ 3,500 万円＋成功報酬
求人票 3	ファンド投資先企業（ミドルキャップ）、CFO、年収 1,800 万～ 2,300 万円＋ストックオプション
求人票 4	スタートアップ、CFO、年収 1,000 万～ 1,200 万円＋ストックオプション
求人票 5	ファンド投資先企業（ミドルキャップ）、経営企画室長、年収 1,000 万～ 1,500 万円

プロ経営者・CxOの報酬

プロ経営者やCxOは、ニーズが増えているほどには供給が追いついていない現状です。そのため、これらの人材の報酬は驚くほど高くなっています。

売上が数千億円ある企業のプロ経営者なら、基本給が5千万円以上（1億円を超えることもありえる）、売上500億～1000億円で2000万円台半ば～5000万円、100億～500億円で2～3000万円代半ば、100億円以下で1000万円台後半～2000万円台半ばとなります。

さらには基本給に加えて、成功報酬やストックオプションが別途支給されるといったイメージですが、その企業の利益や業界などにより、報酬は様々です。

転職を希望する人の多くは、収入アップを希望して転職しようとするわけですが、2度目、3度目の転職でプロ経営者やCxOを務めた人は、ストックオプションを期待する人も見られます。

発行済み株式の数%～10%をマネジメントに対してインセンティブとして渡すケースがよく見られますが、これは社長が10%の場合もあれば、社長が5%でCFOが3%、その他のCxOで2%を得るというように、時と場合によって異なります（ただし、インセンティブ10%の案件はほとんど存在せず、相当難易度が高い場合のパーセンテージと認識してください）。

任期5年でストックオプションによるキャピタルゲインが2億円あるとすると、単純計算で毎年4000万円が給与以外にもらえるということになります。プロ経営者以外にも、CxOには年換算で1000万円程度になるようにストックオプションを付与するケースもよく見られます。

株式価値が倍になれば、ストックオプションによって数千万から億単位の報酬を得ることができます。株式を重視するのは、給与の

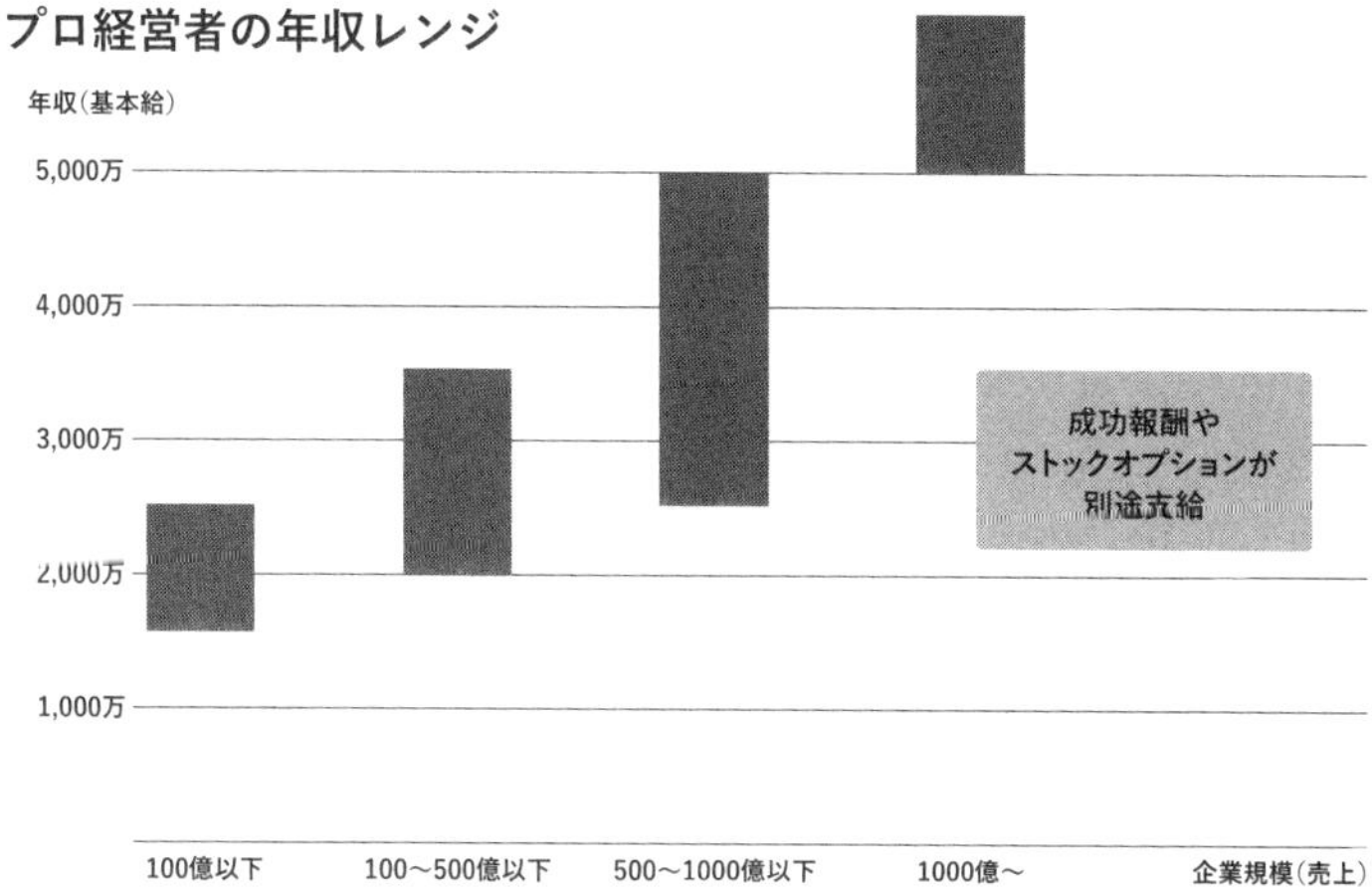
プロ経営者の年収レンジ
年収（基本給）
5,000万
4,000万
3,000万
2,000万
1,000万
成功報酬や
ストックオプションが
別途支給
100億以下
100～500億以下
500～1000億以下
1000億～
企業規模（売上）

税率よりも株によるキャピタルゲインによる税率の方が低いという心理も働いているはずです。

例えば、2億円を給与でもらうと累進課税の最高税率（所得税＋住民税）が55％のため、手元に残るのは1億円ほどになってしまいます。一方、株式の利益の課税率は20％（復興特別所得課税は除く）のため、1億6000万円が手元に残ります。

ただし、ストックオプションによるインセンティブは、実現されないこともあるため、転職のモチベーションにするのはあまりおすすめではありません。

例えば、PEファンドがプロ経営者を招聘し、ストックオプションのインセンティブを設計する際には、ある一定のハードルが課せられるケースがほとんどです。例えば利益が○○円以上になる、企業価値が○倍以上になる、PEファンドのリターンが○○％を超えた場合などのハードルです。企業の事業活動においては、社長本人の責任に帰する事項もあれば、コロナ禍のような不可抗力により、減収となる場合もあるのです。

結局のところ、報酬ばかりを求めて経営に携わるような方では、真の価値の発揮もできないことは忘れてはいけません。

CxOへのキャリア

CxOを志向する人は、それぞれの専門分野の専門性を高めていくことが大切です。成果を出すフィールドが、CFOであればファイナンス、CHROであれば人事領域ということになります。

この専門性の上に、ゼネラルマネジメント（包括的な管理業務）の要素が必要とされます。職人的に専門性を極めて行く中で、人を動かすマネジメント能力が求められるのです。

CxOになるような人材は、若い頃からそうした志向性を持ちながら、3年や5年を1つのスパンとして、自身のキャリアの見直しを行っている人が多い傾向が見られます。その中で、自分1人で判断せず、周りの信頼できる人の話を聞きながら、足りない経験やスキルを伸ばすために自ら活躍する場を選んでいきます。

CxOの中でも、CFOやCHROはそのままファイナンスや人事の分野を極めて専門家になっていく傾向があり、CSOやPL（Profit and Loss／事業の損益結果）の責任者となるようなCxOのポジションを得た人は、プロ経営者を目指す方が多い印象です。

ただ、これもあくまで人材市場の傾向に過ぎず、例外もたくさん存在します。専門性を極める過程で経営感覚や視点を得て、やがてＣＥＯを志向するようになる人もいます。

続く第2章では、近年見られるプロ経営者やＣｘＯが、他のキャリアとどのように異なるのか、詳しく見ていきます。

第2章

近年のプロ経営者・CxO像

第２章では、そもそもプロ経営者・CxOとは何か、その定義をしていきながら、ヘッドハンター・PEファンドの目線から「プロ経営者・CxO像」について見ていきます。

出世競争ではなく、プロ経営者として活躍する

当然ですが、学校を卒業して会社に入り、そこから社長まで上り詰めるのは並大抵のことではありません。

例えば、同期が150人いるとします。仮に6年ごとに社長が交代する企業の場合、自分の前後6年間に入社した人全員が社長レースのライバルになります。単純計算で900分の1の確率です。これが採用数の多いメーカーなどの場合、同期は1500人にのぼることもあるので、一気に9000分の1の確率に跳ね上がることになります。

さらに、社長交代も一筋縄ではいきません。大本命と思われていた人が選ばれず、周りからすると意外な人が社長に任命されるのもよくあることです。

例えば、2023年トヨタは4月1日付で、14年社長を務めた豊田章男氏はエンジニア出身53歳の佐藤恒治執行役員を後任の社長に任命しました。この人事は秘匿に進められ

大企業のトップ人事では、入社年度の偶然性や偶発的な条件にも左右されるため、いつまで経っても経営者になれないケースがある

たようで、多くの関係者が「寝耳に水」だったそうです。

佐藤氏は取締役でもなく、いち執行役員からの言わば大抜擢劇でした。従来の大企業では、社長というのは副社長や専務取締役の中から選ばれるのが順当でした。しかしいまや、このような順送りの人事はだんだん行われなくなっています。

豊田社長は、13歳差の佐藤氏にバトンを渡すことに関して、自分も社長になったのが53歳でした、と語っています。後任が若いとしても、それほどの驚きをもたれなくなっているように、この10年で経営人材のあり方もずいぶん変わってきているのです。

このような事例から学べるのは、大企業でどれだけ実績を残しても、入社年度という偶然性からその年度に近い先輩、あるいは後輩が社長になってしまうと、いつまで経っても社長の椅子は回ってこない不条理があるということです。

トップを変える人事とは、現社長の方針だけでなく、偶発的な条件にも左右されることを踏まえると、大企業で社長になるのは「宝くじに当たるより難しい」ことなのです。

十数年以上の社歴を重ねながら、社長を目指すという不確定要素が大きいものに自身を委ねるのは、尋常な精神力、体力で成し得るものではないはずです。

しかし、将来は企業のトップとして社長を目指したい、という目的があるのなら、ずっ

とたやすく、確率の高い方法こそが、「プロ経営者」という第三の選択なのです。

プロ経営者はスポーツ選手と同じ

これまで本書で言及してきたプロ経営者とは、経営のプロフェッショナルとして企業経営に携わる人たちです。

プロといえば、わかりやすいのがプロのスポーツ選手の世界です。スポーツ選手はアマチュアとは異なり、チーム・運営団体から報酬を得てプレーをします。サッカーや野球であれば、様々なチームからスカウトを受け、移籍もごく普通に行われます。

当然ですが、他のチームからオファーを受けるには、そのチームに必要な能力を個人として有する必要があります。その能力を得るために、日々トレーニングや経験を積み重ね、その分野でのエキスパートにならなければいけません。

プロ経営者も、スポーツ選手と同じような存在としてイメージすれば良いでしょう。経営のプロとしてのレベルに達している人、もしくは少なくともそのレベルに達しようと日々努力し続けられる人でなければ、外部招聘人材として企業経営を担うという大きな役割は果たせないのです。

したがって、「そこそこ働き、それなりに食えればいい」と考えている程度ならば、この本をこれ以上読み進める意味はないのかもしれません。

なぜなら、これから本書で取り上げていく経営人材は、スポーツ選手のように自らを律し、あえて困難に立ち向かい、自分を磨いてきた人たちしかいないからです。

CxOとは何か

プロ経営者は、「企業経営のプロとして外部から招聘され、経営責任を負う人」と、イメージがしやすいと思います。しかし、最近見られる「CxO」は、まだ馴染みのない方もいるかもしれません。ここでは、その「CxO」について詳しく解説していきます。

CxOとは、「Chief x Officer」を指し、「Chief＝組織の責任者」「Officer＝執行役」、そして「x」は特定の役割・業務を意味します。つまりCxOとは、「x」に入る特定の役割や業務に関する役職の最高責任者ということです。

例えばCEOやCFOなど、「x」の箇所に入る頭文字によって、役割や業務が異なります。経営の最高責任者となるプロ経営者も、CxOの1つに該当します。

企業経営における外部環境の変化の速さや、課題の複雑性、難易度は加速度的に高まってきています。それに伴い、CDO（Chief Digital Officer）のように、近年のビジネス環境に合わせた役職も一気に浸透してきています。

これまでは、例えば自社でネット回線のトラブルが発生した際、情報システム部が問い合わせからセキュリティ管理まで、何でも請け負っていました。

そこから時代が変わり、DX化をはじめ課題が複雑化していった結果、今では高度な専門性を備えた人材でなければ対処できなくなっているのです。

アメリカに目を向けると、すでに専門人材を登用するケースは決して珍しいことではありません。ジョブ型雇用で働いてきた人からすると、機能が細分化され、専門性を求められる働き方はとても合理的なシステムでもあります。

日本でCxOという言葉が登場したのは、2010年頃からといわれています。以降、CxOの分類は増え続け、よく知られるものだけで次の一覧のようにたくさん存在します。

以前、あるPEファンドの方から上場企業のCIOとして転職した、というメールが届きました。「この人は投資業をしていたはずなのに、なぜ今さらChief Information Officerになったのか」と不思議に思っていたところ、よくよく聞くと、CIOの「I」はInvestment（投資）ということでした。

法律で明確に定義され、経営の監視役となる取締役（Director）と比べ、執行役（Officer）としてのCxOには定義がないので、このような自由な役職が見られるわけです。人材の処遇として便利なこと、責任の所在を明らかにし、組織がより明快になるといった意味からも、CxOを置くという判断をする企業が増えているのかもしれません。

CxOの一覧

CEO	Chief Executive Officer／最高経営責任者
COO	Chief Operating Officer／最高執行責任者
CFO	Chief Financial Officer／最高財務責任者
CTO	Chief Technical Officer／最高技術責任者
CMO	Chief Marketing Officer／最高マーケティング責任者
CIO	Chief Information Officer／最高情報責任者
CSO	Chief Strategy Officer／最高戦略責任者
CHRO	Chief Human Resource Officer／最高人事責任者
CCO	Chief Communication Officer／最高コミュニケーション責任者
CPO	Chief Privacy Officer／最高プライバシー責任者
CBO	Chief Branding Officer／最高ブランディング責任者
CISO	Chief Information Security Officer／最高情報セキュリティ責任者
CDO	Chief Design Officer／最高デザイン責任者

いずれにせよ、責任の重さの差はあれど、今後も「x」に代入される業務・機能が細分化され、日々新しい「CxO」が誕生していくことでしょう。

プロ経営者とCxOの違い

前項で述べたように、CxOの中にCEOが含まれており、プロ経営者はCEOの中でも、外部から招聘されてCEOになった人のことを指します。「プロ経営者＜CEO」でもあることから、プロ経営者も数あるCxOの中の1つということになります。

では、プロ経営者とCxOがどのような関係にあるのか、詳しく見ていきましょう。

「プロ経営者＜CEO」と考えたとき、CEOをのぞいたCxOを極めていけばプロ経営者に近づけるかというと、必ずしもそうではありません。CxOは専門性だけでなく、経営的な視点でその専門分野を俯瞰する必要がありますが、それだけでは経営者として不十分です。

一方、COOやCMO、CFOなどの役職で経験を積んでいけば、CEOに近づける可能性は十分に高くなります。これらの職種は、戦略立案とその実行責任を負うことも多く、専門性だけでなく事業をどう伸ばすか、といった経営感覚を身につけやすいからです。

ただし、これ以外のCxOから企業のトップになれないかというと、そうとも言い切れないのが面白いところです。今後もビジネス環境が変化する中で、CEO以外のCxOの役職にもプロ経営者の機能を持つような人材が登場してくる可能性は十分に考えられます。

こうした役職としての違いだけでなく、プロ経営者とCxOを志向する人のマインドセットにも大きな違いが見られます。

プロ経営者の場合は、組織のあるべきビジョンやパーパスを示し、時には企業カルチャ

CxO 関係図

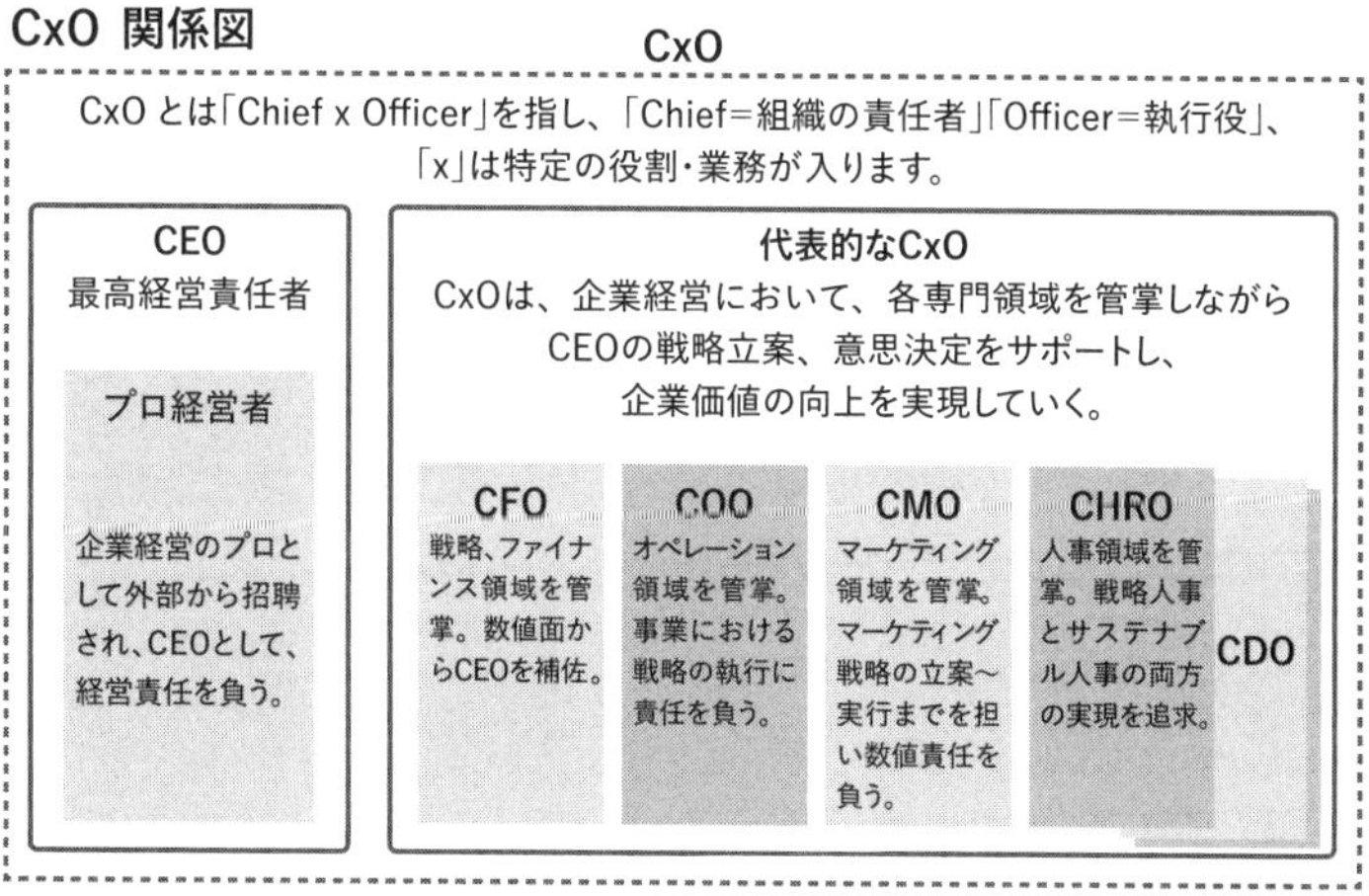
CxO
CxOとは「Chief x Officer」を指し、「Chief=組織の責任者」「Officer=執行役」、「x」は特定の役割・業務が入ります。
CEO
最高経営責任者
プロ経営者
企業経営のプロとして外部から招聘され、CEOとして、経営責任を負う。
代表的なCxO
CxOは、企業経営において、各専門領域を管掌しながらCEOの戦略立案、意思決定をサポートし、企業価値の向上を実現していく。
CFO
戦略、ファイナンス領域を管掌。数値面からCEOを補佐。
COO
オペレーション領域を管掌。事業における戦略の執行に責任を負う。
CMO
マーケティング領域を管掌。マーケティング戦略の立案〜実行までを担い数値責任を負う。
CHRO
人事領域を管掌。戦略人事とサステナブル人事の両方の実現を追求。
CDO

ーを変革させるような強いリーダーシップが求められます。組織における最後の砦としての存在を受け入れ、その責任を一身に背負いながら経営に取り組める人が向いています。

一方、様々な経営人材と関わる中で、CEO以外のCxOは全社に向けたリーダーシップよりも、専門性を極めていくやりがいと、同じ役職や役割に対する強い執着のようなものがある人が向いている傾向が見られます。ただし、専門性を極めていく過程で直接的に企業経営に携わり、やがてCEOを志向する人も一定数存在します。

いずれにせよ、プロ経営者として先頭に立って企業経営に携わるのも、CxOとして経験を重ねながら経営トップのポジションを見据えるのも、変わらずCxOとして専門性を極めながらキャリアを重ねていくのも良い選択だと思っています。

なぜなら、どのキャリアを選ぶにせよ、いちビジネスパーソンとして経営に携わるダイナミズムを感じ、自身で主導権を持ちながら仕事に取り組めるからです。

どんな経営人材にも、「厳しい環境でチャレンジする」という点は共通して見られる

ヘッドハンターから見た、プロ経営者・CxOとして活躍する人の共通点

では、実際にCxOになるには、具体的に何が必要なのかを考えていきましょう。

私たちは仕事柄、様々な経験を経てきた一流のビジネスパーソンと対面します。なかには、誰もが羨むような経歴を重ねている人も数多く見てきました。

例えば、東大を卒業後、大手商社や大手銀行に入り、40代に差しかかったタイミングでキャリア相談を受けることがあります。そんな彼らの多くは、このまま役員を狙うべきか、もしくは役員になれそうにないなら、転職して外の世界を見る方がキャリアは充実するのではないかと悩んでいるのです。

ほかにも、外資系コンサルティングファームに転職したり、スタートアップ企業を起業したりといった人たちの話を耳に挟み、キャリアの相談に来る方も少なくありません。

このように、様々なキャリアの事例を見てきた中で、プロ経営者やCxOとして活躍する人に共通するのは、「厳しい環境でチャレンジする」経験をしているかどうかです。後に

も触れますが、この点はほとんどの経営人材に該当していると断言できるほど、共通して見られる傾向です。

もし経営人材として活躍していきたいなら、20～30代といった若いうちから居心地の良い場所を抜け出し、より厳しい環境に身を投じる経験が必要不可欠です。これは私たちが20年以上、人材紹介業を行ってきた中で必ずお伝えしたいアドバイスです。

これまで私たちは1万人以上のプロ経営者・CxOにインタビューを重ねてきましたが、すべての人に共通するポイントを見つけることは簡単ではありませんでした。

キャリアとは、個人が選んできた1つひとつの「選択の積み重ねの結果」でしかありません。当然ですが、プロ経営者やCxOを目指す方法に「唯一解」はありません。

何が正しかったのかは、たとえ歳を重ねたとしても、わからないことの方が大半でしょう。ですが、失敗が許される若いうちから厳しい環境でチャレンジする経験は、その後のキャリアに多大な影響を与える、正しい選択とだけは言い切れるのです。

転職市場に身を置き続ける

果たして自分は、経営に携わることのできる経験ができているのか。今の仕事を通して、本当に経営者につながる人材になれるのか。

転職が一般的になり、インターネットを通して様々な人たちのキャリアが可視化された今では、誰もが自分自身の「市場価値」について考えざるを得なくなりました。

市場価値を知るためには、自分1人で考えて判断するのではなく、ファーストステップとして転職市場に身を置くことが大切です。

求人に応募してみたり、転職サイトに登録したりすると、今の自身の経歴に対して企業がどのような反応を示すのかが見て取れます。すぐに転職をするにせよ、今の環境で仕事を続けるにせよ、プロ経営者やCxOを目指すなら、企業目線から自身の市場価値を知ろうとする動きをしていくべきです。

特にアメリカでは、定期的に自身のキャリアのレジュメを見直し、アップデートを重ねながら常に労働市場に身をさらしますが、同様の考え方は経営人材を目指す人にも必要なのです。

ほかにも市場価値を知るには、ヘッドハンターや職場の先輩、転職した元上司、仕事では直接的に関わりはなくても尊敬できる人とのコミュニケーションも必要不可欠です。

こうした自身のキャリアや仕事の手本となる人のことを、「メンター」と呼びます。

第一線で活躍する経営人材は、ほとんどこうしたメンターの存在について口にしています。これからプロ経営者やCxOになりたい人たちにおいても、こうしたメンターを意識して作っていくことが、キャリアを積み上げるきっかけとなるでしょう。

ほかにも、市場価値を知るには、自分が今持っているものの「棚卸し」をすることも大切なステップです。

キャリア相談でよく見られるのが、「自分が次のステップに行くには、何が必要か」というものです。そんなときは、まずは私たちのようなヘッドハンターやキャリアコンサルタントなどに直接話をしてみましょう。過去の転職事例などを参考にアドバイスをもらい、自分に足りないものを把握することで、今身につけるべきものが見えてくるはずです。

また、メンターに相談し、「当時はこんな経験をして、こんなスキルを身につけていた」ということを聞き出していくのも1つの手でしょう。

自分が今持っている能力と、経営人材として求められる能力のギャップを埋めるには何をすべきかを、自分だけで判断してはいけません。

私たちが日々接する経営人材も、常に転職市場に身を投じ、私たちヘッドハンターなど一次情報を持つ転職のプロに相談しながら、自身の市場価値を高めていくことを常に行っているのです。

PEファンドから見た、プロ経営者・CxOを起用する視点

経営人材になる人たちの思考や行動理論は、この後詳しく触れていきますが、「若いうちからチャレンジする」ことに加えて、「転職市場に身を置き続ける」という2つの点について触れてきました。続いては、実際に経営人材を起用する2つのPEファンドの目線から、どのように候補者を選考しているかを見ていきます。

1つ目は、選定基準として「戦略立案力」と「戦略実行力」を挙げたのは、株式会社アド

バンテッジパートナーズの喜多慎一郎氏です。

私たちが投資の意思決定を行う際に最も重要視しているのは、その企業の価値を高めるための投資仮説の構築です。投資前のデューデリジェンスの段階で、いかに筋の良い事業戦略を作れるかが、投資の成功の前提条件になります。

同時に、その企業の組織についてできるだけの情報収集を行い、戦略を実行するための経営チームの在り方を考えます。多くの場合、既存の経営陣に加えて必要な人材を補強してゆくことになりますので、このタイミングからプロ経営者やCxOといった経営人材の選定へと入っていきます。

私がこの仕事に長く携わる中で強く実感しているのは、「いくら良い戦略を描けたとしても、実行が伴わなければ成果は出ない」ということです。

誤解を恐れずに言うと、戦略を作ること自体はコンサルティング会社に丸投げしてもある程度は可能です。しかし、それを実行することの方が、はるかに難しいのです。私たちPEファンドにとって、戦略実行を指揮できる経営チームを構築し、組織・オペレーションを強化するところが、腕の見せどころになるわけです。

続いて2つ目に、「投資企業の実情に合った採用を行います」と話したのは、米国投資会社ブラックストーンの坂本篤彦氏です。

私たちは企業への投資を検討する際、成長軌道がどう描けるかの仮説を立てるところから始まります。

その中で、コストを削減してマーケットシェアを維持していく「守り」の部分と、マーケットシェアを高めたり、新たなマーケットを開拓したりする「攻め」の部分の両面を見ていきます。それを実行するために何が欠けているかを考え、そこを補完する人材として、プロ経営者やCxOを招くというのが基本的な流れになります。

例えば、システムが整っておらず、数字が「見える化」されていない企業には、ERP（企業資源計画）を導入し、数字の見える化をするというインフラ部分の手当てをしていきます。どういうシステムが必要になるか仮説を作り、投資を実行したタイミングでもう一度、その見直しを100日経過時に行います。そこで立て直しが必要であれば、新たにCIOを採用しようとなるかもしれません。

私たちPEファンドというのは、基本的に5年の間に投資回収を目指す商売をしています。そのためには、経営人材の登用も含め、3年の間に蒔いたタネの芽が出なければいけないと考えています。

CEOとCOOとを組み合わせるケースや、CMOやCFOだけでなく、その間にCDOが必要というケースもありますが、いずれにせよ投資企業の実情に合わせて、企業経営という複雑なゲームに挑んでいける人材かどうかを私たちは見ています。

経営チームを構成する

プロ経営者やCxOには、PEファンドが立てた戦略や仮説をより具体的なものへと落とし込み、組織を動かしながら実行することが求められます。

その戦略を実行するために、喜多氏、坂本氏が共通して持っている認識として「チーム戦略」があります。近年の企業経営では、経営者1人だけが経営を担うケースはほとんど存在せず、経営チームをいかに構成するかが成功の鍵を握っています。

■ブラックストーン坂本氏

アメリカのような成熟した市場には、いわゆる「スーパープロ経営者」のような、全方位的に企業経営を担える人材が存在します。

その人に経営を任せてしまえば、売上管理から新規事業の創造、チームマネジメントなどを行いながら、必要な人材は自らの人脈から連れてくるような、オールラウンドの活躍を示してくれます。

しかし、日本でこのようなスーパープロ経営者を求めてしまうと、ほとんどの場合うまくいくことはありません。私たちはよく「青い鳥」という言葉を使いますが、経営のすべてを担えるような全知全能の人材は、日本にはどこにも存在しないのです。

日本企業の特徴は、現場が強い文化性があることです。現場をうまく動かせなければ、成果も出せないので、日本企業の経営にはチームプレーが必要不可欠です。

何でもできるA+レベルの経営者が1人いるよりも、B-からB+のレベルであっても強固なチームを作ることができれば、チームとしてAレベルにすることができる。

そんな考え方が日本の経営には現実的かつ必要な視点だと思っています。

■アドバンテッジパートナーズ喜多氏

私たちの主な投資対象となる中堅企業では、経営トップの役割は非常に大きいです。ただし、経営トップだけでは我々の目指すレベルの変革を実現することは難しいので、既存の経営陣や新しい経営人材を組み合わせ、強い経営チームを構築することを目指してゆきます。

業界経験は必ずしもマストではありません。営業部門の責任者のような立場であれば、顧客対応や従業員との関係からある程度の業界知見がある方が即戦力として機能しやすいということはあるかもしれませんが、逆に、業界の常識を超えたマネジメント経験が活きるようなケースもあります。一方、CFOやCSOの役割であれば、業界経験よりも、ファイナンスや戦略構築の固有スキルが必要ですし、過去の幅広い業界での経験が力となることも多くなります。我々PEファンドとしては、業界での知識経験やネットワーク、特定スキルを持つ人たちを組み合わせることで、いかにチームとしての相乗効果を発揮できるかを考え、サポートしてゆきます。

喜多氏、坂本氏の話からわかることは、プロ経営者やCxOになるには、必ずしもトータルの能力が求められるわけではない、ということです。

まずは専門分野で突出した能力を身につけ、それによって実績を作る。そこからさらに規模を大きくしたり、難易度を上げた課題に取り組むなどして経験を積んでいくことで、プロ経営者やCxOの職務に耐えうる素養は備わっていくのではないでしょうか。

CxOになる人が経験していること

プロ経営者（CEO）とそれ以外のCxOでは、積み上げていくキャリアにも違いがあるので、ここからは私たちが見てきたそれぞれの経験について見ていきます。

まず、プロ経営者になる人というのは、キャリアの中のいずれかのタイミングで、PL責任（事業の損益結果に責任を持つこと）を経た上で就任するケースが多く見られます。

また、一度プロ経営者となり、そこで実績を出すことができれば、さらに規模の大きな会社の経営を担うこともあります。残念ながらプロ経営者としてのパフォーマンスが優れなかった場合でも、それ以降にチャンスがなくなるわけではなく、どこか別の企業のプロ経営者として新たに雇われるケースも少なくないのが現状です。

もちろん、そのプロ経営者に人格的な問題があった場合は話が別です。しかし、そうでない限り、プロ経営者本人に帰する要因以外の部分、例えば市況などの外部要因によって、どれだけ優秀な経営人材でも成果が出せないことも十分あり得るのです。

ただし、プロ経営者としての評判は、別の企業で再びプロ経営者やCxOになったときでもついて回ることは付言しておきたいと思います。

一方で、CFOやCHRO、CDO、COOのようなCxOというのは、財務や人事、デジタルなど、その道の専門家としてキャリアを積み上げていく傾向があります。

また、志向性の違いで比べると、プロ経営者になるような人はもともと経営志向を強く持っています。CEOは、その会社のカルチャーやパーパスまで変えることができる存在なので、はじめからリーダーシップを発揮できたり、ビジョンを語ることができたりすることが求められます。

「社長の器以上に会社は成長しない」と言われるように、やはりCEOはビジョナリーな視点を持ち、会社を牽引する存在でなければなりません。「ザ・ラストマン」として企業や社員を引っ張ることにやりがいを感じる人が向いています。

一方、CxOは自身の専門性に対して安心感を感じる人がフィットしている傾向が見られます。組織全体を見るよりも、自身の専門分野にこだわりと執着を持ち、1つの道を極めたいと考える人が多く見られます。

CxOのキャリアの傾向

では実際に、CxOにはどのようなキャリアを歩んできた人がなるのでしょうか。

特にCFOやCHRO、CIOのような高い専門性が求められるポジションについては、新卒の配属時、もしくはキャリアの序盤にあたる20代で担当する職種がきっかけとなり、その道の専門家を目指す人が多い傾向が見られます。

つまり、自身がどのCxOになれるかどうかは、ある程度はキャリアの序盤の段階で方向づけられていると考えても良いのです。

例えばCFOの場合、職種別採用を行っている企業に入社し、新卒時点から経理部や財務部に配属されて、ファイナンスのスキルを狙っていく人がよく見られます。

CHRO、CIOについてみれば、総合職として入社した後に、たまたま配属が人事部や情報システム部門に配属され、そのファーストステップが結果的にその後のキャリアに大きく影響することもあります。

ここからは、代表的なCxOのキャリアの傾向を見ていきます。

■CFO

CFOには主に3つのタイプがあると言われています。

①経理バックグラウンドの管理部門長

このタイプは、主に事業会社の経理部門でキャリアを築き、キャリアの序盤では決算関連業務に携わり、キャリアが成熟するにつれて他の管理部門（人事や総務、法務、情報システム）など管理部門全体をマネジメントしていくパターンです。

特に経理業務におけるオペレーションに強く、このタイプのCFOを抱える企業には、経営企画部門が管理部門の外にあることもよくあります。

②資金調達のプロ

このタイプは、特にスタートアップ企業で重宝され、IPOまで導く存在として活躍します。外資系投資銀行からスタートアップに転じ、IPOを達成するなど華々しいキャリアを描いている人が合致するケースがあります。

ＩＰＯを経験することで、多くのキャピタルゲインを得られる上に、スタートアップ界隈で有名なＣＦＯとなるので、その後のキャリアは引く手あまたになりやすい傾向が見られます。

③FP&Aのプロ

このタイプは、経営者のビジネスパートナーとして戦略を数値化できる人です。事業会社の経営企画部門や外資系企業のＦＰ＆Ａ、コンサルティングファームなどを経験し、戦略策定を期待されてＣＦＯになるパターンです。

この場合、企業規模が小さければ管理部門全体をマネジメントし、経営者と一緒に戦略を考える立ち位置としてのＣＦＯが期待される傾向にあります。企業規模が大きくなれば管理部門のオペレーション業務は経理部長や管理部長に任せてしまい、それとは違う領域を担うことが多く、いわゆる後述のＣＳＯのような立ち位置といえるでしょう。

ほかにも、ＣＦＯでは会計士から就任するケースもよく見られます。

会計士の場合、キャリアのスタートは主に監査法人となります。そこで会計監査やアドバイザリー業務を担ったのち、事業会社に転じてＣＦＯになる人も一定数存在します。

ちなみにＰＥファンドから依頼されるＣＦＯの求人ニーズは、ほぼ①と③だけといって良いでしょう。

私たちがＣＦＯに接する中で受ける印象として、彼ら、彼女らはキャリアのどこかのタイミングで「自分はトップ向きでない」と考える人が多いということです。

ＣＦＯはトップの立場から経営に携わるよりも、数値分析や計画づくり、数字を取りまとめるといったことにやりがいを感じているようです。

また、三国志でいえば諸葛孔明のような参謀タイプが自分に向いている、と考える人が多いのも特徴です。強いビジョンを持った経営者がいて、それを数字の面から冷静に支えるＣＦＯが経営チームに加わることで、経営の意思決定をサポートし、より良い方向に機能させられるわけです。

■ＣＳＯ／ＣＯＯ

社長の右腕として戦略責任を負うＣＳＯは、主に事業会社での経営企画や、コンサル出身者が多い傾向があります。

よく言われるのは、ＣＦＯと似たキャリアの人が任命される印象があるということです。ただ、CFOとの違いでいうと、自分でPLの責任を持ちたいかどうか、事業をやってみたい気持ちがあるかどうか、という点で異なる傾向が見られます。

CSOのキャリアを志向する人は、ここでの経験をステップにして、ゆくゆくは経営者まで上り詰めたいという希望を持つ人もたくさんいます。

また、COOはCSOの領域に加えて、事業責任から組織運営まで多方面を扱うことが多くなります。言うなれば、「何でも屋」として組織の中でマルチに活躍するプレイヤーのような役割です。

また、COOは企業によって守備範囲も相当な差異がありますが、キャリアの面ではCSOと近しいところがあります。

■CHRO

人事の最高責任者としてのCHROには、人事戦略の立案から実行、制度・開発・採用の幅広い経験、メンバーマネジメントなどが求められます。

2020年に「持続的な企業価値の向上と人的資本に関する研究会報告書」として発表された「人材版伊藤レポート」でも、CHRO設置が推奨され、ますますその重要性が増しています。

ＣＥＯや他のＣｘＯと対等にコミュニケーションをし、企業戦略実現に資する戦略人事と、サステナビリティに資するサステナブル人事の両方の実現が求められます。

ＣＨＲＯになるためには、人事制度の設計経験が必ずといっていいほど求められますが、その経験を有するかどうかは、会社の置かれた状況、例えば人事制度を変えるタイミングかどうかによるので、運も必要です。

もし、その機会に恵まれない場合は、自ら人事制度設計の仕事を得るための行動を起こす必要があります。つまり、人事制度を変更する会社に転職するか、人事コンサルに転職するか、ということになります。

一方で、入退社管理、社会保険の加入手続き、給与の支払い業務などといった人事の基本的なオペレーションを理解していなければ、他の人事のメンバーから信頼を得ることができないため、そういった業務への理解も必要となります。ただし、細かいオペレーション知識がありすぎて、そこにこだわりすぎて改革ができない人ではＣＨＲＯになれないし、仮になったとしても有効には機能しません。

ＣＨＲＯに欠かせない特性として、「人の感情を捉えることができるかどうか」が挙げられます。なぜなら、全社へのメッセージを発したり、新しい仕組みを導入したりするときには、「社員はこう受け取るだろう」ということを想定できることが必要だからです。

ほかにも、他の経営メンバーの施策に対し、人事の立場から意見を求められる場面も出てくるでしょう。私はＣＨＲＯこそが社員の気持ちを理解した最後のストッパー、と考えていますが、ＣＨＲＯが機能していなければ、社員の気持ちを無視した施策が平気でまかり通ることにもなりかねません。

「企業ニーズ」と「候補者ニーズ」のギャップ

ここまでプロ経営者以外のＣｘＯのキャリアの傾向について述べてきましたが、これはよく見られる傾向であって、そうでなければ絶対になれないという類の話ではありません。あくまでも目安として、ＣｘＯを目指す人にとってのヒントとして認識いただけたらと思います。

ただ、こうした傾向を見定めておくことは、主体的にキャリアを形成するためには大事なことです。というのも、採用側のニーズを知る私たちからすると、候補者側が希望するキャリアとの乖離を感じることがよくあるからです。

一番多いケースは、ベテランのビジネスパーソン、特に50代で大企業1社経験の方から相談を受けるときです。「多少年収を下げてもいいので、事業部長クラスの求人はありませんか」「小さな会社でいいので、ＣＥＯポジションを紹介してください」と聞かれることは本当によくあります。

そもそも人材採用というのは、募集する案件に応じた人材要件を決め、その会社の事業フェーズに応じて、経営チームとしてどんな人材が必要なのかを設定するものです。そのため当然ですが、個人の希望に合わせて都合よく求人を紹介できるケースは少ないのが現状です。

採用側としては、入社後のパフォーマンスにおいて再現性のある人を採用したいため、類似した企業規模、フェーズ（再生局面なのか、成長局面なのかなど）で過去に活躍してきた人材に参画してもらった方がいいと考えます。

大企業1社のみの経験で、かつ変化の少ない環境下で長年ビジネスを行っていたようなベテランの人材は、残念ながら採用ニーズとマッチしないことが多いのが実情なのです。

このような「キャリア迷子」にならないためには、自分がなりたいＣｘＯを見据え、そのキャリアの傾向を摑んだ上で、現状との職務や経験とのギャップをいかに埋めていくのかを考え行動していく必要があるのです。

プロ経営者を志す人の最大の特徴

プロ経営者とそのほかのCxOとの大きな違いは、なんといっても「社長になりたい」と強く思っているかどうかです。

もちろん、人事やファイナンス出身の人でも、経営者になってきた人はたくさん存在します。そのような人材は、トップの立場から他者に対して影響力をおよぼしたい、自分の考えを実現して世の中にインパクトを与えたい、などといった自分を突き動かす原動力を持ち合わせています。

大企業で経験を積み、リスクをとって大きなチャレンジをしている優秀な人材でも、経営者としての「野心」がなければ、企業のトップまで上り詰めることはできないのです。

また、能力やスキルは持ち合わせていたとしても、「なぜそれをするべきか」という意味を持てるかどうかは違う話です。そこで大事になるのがビジョンです。組織のトップの立場から成し遂げたいこと、実現したい世界を描けるかどうかも、経営者には求められます。

その意味で言えば、経営者になることは、自身のビジョンを叶えるための手段といえるのかもしれません。経営者になることが目的化してしまうと、自分は偉いのだと錯覚したり、公私混同をしたりした結果、周囲からの信頼を失ってしまうわけです。

第3章 プロ経営者・CxOの絶対法則

これまでも述べてきたように、プロ経営者・CxOという経営人材になる人たちは、その他大勢の人とは一線を画した思考様式、行動様式を持っています。

そこで第3章では、これまでヘッドハンターとしてお付き合いをしてきたプロ経営者・CxOの声をもとに、私たちの視点から共通する思考原理と行動原理を抽出していきます。

プロ経営者の絶対法則

コンフォートゾーンから抜け出す

快適な環境は成長を鈍くする

プロ経営者になる人たちは、自らを成長させるためには手段を選びません。難易度が高く、ストレスがかかる仕事だとしても、自ら選択して渦中に飛び込んでいくことが大切です。

リクルートを創業した江副浩正氏は、
「自ら機会を創り出し、機会によって自らを変えよ」
という言葉を残していますが、まさにこれを体現しているのがプロ経営者なのです。

また、自らその場を作っていくということも大切ですが、なかには意図せずチャレンジの機会を与えられる場合もあります。その場合でも、しり込みすることなく、思い切って飛び込んでいくことが大切です。

意図しないチャレンジも、その人が元から自分のやりたいこと、なりたい自分の姿をぼんやりとでも描いていたからであって、決して闇雲に飛び込んでいるわけではないという点も共通しています。

50歳を超えた今でも、自分がラクな状況にいることは、成長が止まっていることとイコールを意味している

実際に話を聞いたプロ経営者も、次のように述べています。

私は自分の市場価値を高めるために意識してきたのは、コンフォートゾーンから抜け出すことです。

これは50歳を超えた今でも、自分がラクな状況にいることは、成長が止まっていることとイコールだと思っています。「社長の器以上に会社は成長しない」という鉄則もありますが、会社を成長させるためにも、社長の私が常に一番成長しなければならない危機感を持つようにしています。

だから私は、会社の中で誰よりも仕事をしていると思っていますし、誰よりも本を読んで勉強をしています。

私はビジネススクールの教壇にも立っていますが、その理由も教える過程で自分の学びになるからなのです。

自らストレッチされるような経験を望んだわけではなくても、受け身であっても逃げずに立ち向かっていった結果、特にリーダー候補でなかった人が変わっていくこともあります。

修羅場や逆境を乗り越えることで、思ってもみなかった自分が引き出されることがあるのです。そして、その成功体験を得た人は、次の修羅場や逆境にもさらに勇敢な態度で臨むことができます。

プロ経営者の絶対法則

伝えることに、最善を尽くす

自分の考えをわかってもらう

プロ経営者の仕事の1つは、自分の考えを社員や取引先に対して伝えることです。早く成果を出すためには、自分の考えをできるだけ多くメッセージにして伝えていくことが必要なのです。

というのも、プロ経営者は外部から「突如として」やって来て、組織を率いていかなければならない宿命を背負った存在でもあります。

ある種、特別なリーダーとしてのプロ経営者自身に求心力がなければ、社員を率いることはできず、経営改善などをやり抜く実行力も伴わなくなってしまうのです。

話を聞いたプロ経営者も、この点に特に注力していると口にします。

私が入社した半年後には、会社の方針や現状は組織の上から伝えていくのではなく、社員全体にダイレクトに伝えていくべきだと感じるようになりました。

そこで週に一度はWebを用いて全体会議を行い、全社員に直接メッセージを伝えるようにしています。毎週の木曜日朝9~10時に行い、冒頭私が話し、役員クラスがその後に現状報告などを話していきます。

こうした上意下達なコミュニケーションだけでなく、事前に社員全員にアンケートを行い、業務の改善や会社への要望を出してもらうようにもしています。役員はそのアンケートにすべて目を通して、そこから議題に上げて実際に改善を行っていきます。また、対応できないことはその理由をきちんと説明していきます。経営者からの一方通行にならないよう、社員との双方向でのコミュニケーションを大事にしています。

わかる言葉で伝えることの大切さ

社員に自分の考えを伝えるとき、「わかりやすい言葉」で伝えることが大事、と話すプロ経営者も見られました。

経営戦略というのは、社員全員が理解できるようなシンプルなものでなければなりません。前職では、改革をはじめた当初、「守る」「伸ばす」「創る」をキーワードにして戦略を社員に説明していました。

「守る」については、縮小する市場で戦うのは避け、競合と手を組むようにしました。

「伸ばす」については、社外連携を強化していきました。自分たちの弱いところは社外に助けてもらおうということ。

「創る」は新規事業です。これはやはり難しく最初の3年間はことごとく失敗しましたが、何度も失敗し続けたことで勘所がつかめるようになっていきました。

こうして社員全員が同じ戦略を共有できたことで、組織の中の各所で改善が起こり、結果的に業績アップにつながったと言います。組織の一体感を出すためにも、リーダーの言葉に対するこだわりは大事ということなのです。

プロ経営者の絶対法則

優れたリーダーは楽天的

ある種の鈍感力を持つこと

プロ経営者の多くは、楽天的な性格の持ち主でもあります。

当然ですが、経営にはうまくいかないことも起こります。

危機的な状況の中で打開策を考え、実行しなければならないシーンは何度もあり、考え抜いた末に「なんとかなる」というメッセージを内外に発していかなければなりません。

特に社内のコミュニケーションでは、たとえ厳しい状況だとしても、悲観的なことばかりを言ってしまえば人はついてはきません。こういったコミュニケーションでは、社外のステークホルダーにも悪い影響を与えてしまいかねないのです。

また、プロ経営者には鈍感力も欠かせない要素の1つです。

ただし、ここでは文字通りの「鈍感」を意味していません。経営者として、ネガティブな情報にいちいち囚われない、ということです。

悪い情報がたくさん入ってきたとしても、冷静に状況を分析して、次の戦略を練り、実行に移せるかどうか。繊細に捉えすぎてパニックを起こしてしまうようでは、組織も動揺してしまうのです。

経営者が受ける報告の9割は聞きたくないことばかりで、すべてに反応し落ち込んでいては身が持たない

かつて勤めていたコンサルティング会社では、ポジティブなメンタルの状態を維持しなさいと言われてきました。これをＰＭＡ（Positive Mental Attitude：肯定的精神姿勢）と呼んでいました。

落ち込んだり、ストレスが溜まったりすることで、平常心ではいられなくなることは経営者の常でもあります。そういうときこそ、ＰＭＡの考えを思い出して、維持する自分なりの方法論を持っていることが大切です。

私の場合ですが、焼き肉を食べて一晩寝てしまえば、大抵のことは復活できます。どんなことでもいいのです。

特に再建を託されたプロ経営者の場合は、企業に参画した当初は悪い情報ばかりが上がってきます。それこそ、報告のうち9割は聞きたくないことばかりです。

しかし、そのたびにいちいち反応し、落ち込んでいては身が持ちません。

楽天的なことを示す言葉で、私が好きなのは「死ぬこと以外はかすり傷」です。

私も経験があるからわかるのですが、スタートアップ企業の経営はどこにも逃げ場がありません。対して、プロ経営者はＰＥファンドからのサポートや、他の経営チームからの支援もあります。だからこそ安心してチャレンジができるし、逃げずにす

んでいるのかもしれません。

どんな失敗をしても命までは取られない――そう考えることができれば、経営の立場であっても恐れず目の前の壁にも立ち向かっていけるのです。

プロ経営者の絶対法則

好奇心を持ち続ける

好奇心が探求心を生み、探求心が新規事業を生む

経営者の多くは、新しいことに対する感度の高さを持っています。企業経営や企業戦略、新たなビジネスプランなどを探究し、ビジネスのタネを見つけられないかと常に敏感に反応している印象があります。

また、他の業界にも強い関心を持っていることも共通点に挙げられます。他の業界で成功したものを、自らの業界に応用したらどうなるだろうか。そんな探求心がプロ経営者には存在するのです。

このような思考のクセは、彼らにとって「考えなければいけないこと」ではなく、「楽しく、つい考えずにはいられない」という方が近いでしょう。そのため、新規事業の話に触れると、目の色を変えて身を乗り出してくることもしばしばです。

会社とは、うまくいかないほど内向きになり、ついお客様や社会の変化に鈍感になってしまうものです。そこでもプロ経営者は探究心を忘れずに、危機に陥る前兆を捉え、変革へと導こうと思考し続けます。その原動力には、経営者自身の好奇心が見られるのです。

ＡＩやメタバースのようなテクノロジーだけでなく、ＳＤＧｓ、カーボンニュートラ

ルなど、世の中のトレンドをキャッチアップできる経営者でなければ、社会の変化に適応ができず、あっという間に企業経営のリスクが高まってしまうのです。

あるプロ経営者は、次のように口にしていました。

好奇心があれば、世の中のことを深く知りたくなってくる。モノやサービスが売れる法則に興味を持つことができれば、経営に携わる上では、商品がお酒でもバイオ製品でも関係ない。

また、別のプロ経営者も次のように話しています。

好奇心がなければ、世の中で起きていることの原因の究明もできません。

その原因の究明に必要なのは、「仕事として知っておかなければ」という思いではなく、それ以前に「知りたい」という気持ちです。これがなければ、仕事は苦しい作業になってしまうことでしょう。

このような誰かに強制されていない、純粋な問題意識を常に持つことで、様々な情報が入り、経営のちょっとした数字の変化に気づけているのだと思っています。

例えば、私たちの仕事でも「今まで若い人が買っていたものを、なぜ最近は年配の人が買っているのか」「東京の人がなぜ北海道のサービスを買うのだろうか」といった疑問が出てきます。そう思うと、またその原因を知りたくなるのです。
実際に、北海道の担当者に電話して聞いてみると、コロナで移住するためにそのサービスを買っているということがわかりました。こうした現場にしかない情報を摑むことで、次の事業につながるケースもたくさんあります。

このように、好奇心は新しいことに対するチャレンジの面でも発動します。「前例がないことだからやらない」のではなく、「前例がないからこそ、やってみたい」と感じるのも、プロ経営者の特徴の1つでしょう。

プロ経営者の絶対法則

他責にしない

すべてを自分で引き受ける覚悟を持つ

何事も他責にしてしまうメンタリティの人がいます。これはプロ経営者やCxOの適性から、最も遠い人と言わざるを得ません。

「他責にしないこと」は、ビジネスマンとしては当然のことではありますが、これを高いレベルで持っているのがプロ経営者です。

現在の戦力で戦うことを受け入れた上で、自分の責任で会社を良くしていくことを丹念に考えられるか。「もっと優秀な社員がいれば」「もっと魅力的な商品・サービスの経営ができれば、自分は力を発揮できる」など、ないものねだりの思考ではプロ経営者は務まらないのです。

プロ経営者は「この会社、この人員で、この計画をやってください」というかたちでミッションを与えられます。そのとき、与えられた環境で人や組織を動かすことができず、結果を出せなかったとしても、すべては自分の責任と受け止めなければいけません。そうでなければ、人はついてこないのです。

話を聞いたプロ経営者も「限界値のキャパシティが大きく、ちょっとのことではへこたれず、自身に負荷をかけ続けることができるような人たちは、他責にせずになんとかゴールへとたどり着ける」と言います。

もちろん、実績が上がらない原因は様々で、経営者の責任だけに帰結することばかりではありません。必要以上に自分を責めなくてもいいですが、うまくいかない理由を外部に求めるような思考を持つプロ経営者ではいけません。常に矢印を自分に向けるメンタリティがプロ経営者には必要なのです。

高い次元で「自分ごと化」する

プロ経営者は外部から招聘され、いわば「落下傘」としてその会社に入社します。当然、社内で問題が起きたり、業績がよくなかったりするタイミングもやってくるでしょう。

そのときに、自分が経営に携わる前から問題はあった、まだこの会社に対して問題意識を持つ土台ができていない、などと責任逃れはできません。

何年も経営に携わる組織での失敗であれば、それを自分の問題として捉えることもできますが、結果を出すプロ経営者は組織に入った直後から、自分の責任として問題に取り組んでいきます。

つまり、プロ経営者は目の前で起きることすべてを、極めて高い次元で「自分ごと」として考えることが大切なのです。

このような「自責思考」の強い人は、常に自身を省みるクセがついている傾向があります。そして、逆にうまくいった場合に自分の功績を披歴《ひれき》したり、自慢したりせず、まずは周囲の協力に対する感謝を口にしています。

こうしたバランスが取れるのも結果を出せるプロ経営者の特徴です。

プロ経営者の絶対法則

ビジョンを大切にする

行きたい場所を示すことの大切さ

経営者とは、会社という船の行き先を決める船長の役割を担います。

船長は乗組員としての社員に対し、行き先を定め、伝えていくという大事な役割があります。この行き先こそが、組織におけるビジョンや経営理念を指します。

プロ経営者は、先代の社長から交代してリーダーになるという特殊な存在です。そのため、改めて企業のビジョンを自分に取り込み、自分の言葉でメンバーに示し共感を受けながら、一緒に進んでいかなければなりません。

ビジョンに関し、あるプロ経営者は「山の頂上を示すことが大事」といいます。

「私たちの会社は、顧客や社会からどんな会社だと思われたいのか」を、自分の言葉で話していくことがプロ経営者には求められます。つまり、「ミッション」「ビジョン」「バリュー」に関して、私は社員に対して何度も話すようにしています。

「かつては社是や社訓のようなものにあまり馴染まないと思っていたのですが……」と口にするプロ経営者も、あることをきっかけにビジョンを定めることの大切さに気づいたといいます。

経営理念は、経営者が社員に対して行う約束
それを表明しなければ、社員は何を信じれば良いかわからない

私たちがM&Aをしようとしていたある会社の経営者から、「あなたの会社の経営理念は何ですか」と繰り返し問われたことがありました。その経営者と2か月に1度会い、「経営理念とは何か」「経営理念は何のためにあるのか」について、禅問答のようなやり取りを繰り返していきました。

「経営理念というのは、経営者が社員に対して行う約束。それを表明しなければ、社員は何を信じれば良いかわからなくなる。経営理念が社員からの求心力を生むことになるのだ」とその経営者は言っていました。そんな話をするうちに、やはり経営理念というものは非常に重要なのだなと私も理解していきました。

M&Aの交渉の後半になると、私は経営者同士として語り合うことを目的として、彼のもとを訪ねるようになっていきました。そして、最終的には「この会社をあなたにみてほしい」と言ってもらい、M&Aが成立しました。

その後、親会社を出ていくときには、改めて経営理念を定めました。グループ内で再編があったときに、グループ内で何を目指していくのか、社員たちと同じ絵を見るためには必要な作業だと思ったからです。

結局、その会社は上場ができましたが、そのときを待たずして、その経営者は亡くなってしまいました。彼と出会わなければ、私は経営理念の重要さがわからないままだったと思います。

組織や事業の問題が起きるたび、会社は今どこに向かおうとしているのか、それをどのような方法で乗り越えようとしていくのか。プロ経営者は戦略を実行するよりも前に、まずは目指すべき場所を指し示すという大きな役割を担っているのです。

実際に、話を聞いたプロ経営者の1人は、「キレイな戦略を描くよりも、未来を描く方が大事」という言葉を残していました。

プロ経営者は「機能」である

結果を出すための「機能」と心得る

プロ経営者は創業社長とは違い、企業のさらなる成長と繁栄のために、期待されて招かれる存在です。

その「期待」とは経営者という、いわば「機能」のところです。

「プロ経営者は結果を出すための機能にすぎない」とプロ経営者たちはよく言います。そこには結果を背負う覚悟と、現実に対する真摯な態度があります。実際に、あるプロ経営者は「結果主義」という言葉を使っていました。

プロ経営者は生え抜きのトップではなく、その企業の経営を立て直すことが重要なミッションなので、常に結果が求められる存在です。

サッカーでも野球でも、結果が出なければトップは解任されてしまいます。プロ経営者も結果を出せなければ解任されると覚悟すること。この覚悟がなければプロ経営者を務めることはできません。

時には「機能」を超える

一方で、「機能」としての経営者を全うしながらも、その枠に収まらない境地を目指そうとする人もいます。

別のプロ経営者の方からは、プロ経営者としての機能を超えた役割に挑戦したいと考える人もいます。

私はこれからのプロ経営者は、「機能としての経営者」を超え「会社の価値観を背負っていく」ことが必要と考えています。

もちろん、企業は株主のものなので、私たちプロ経営者は機能でしかないのですが、何があってもこの身を捧げていくと思うのならば、創業者のマインドに自分を近づけていくしかありません。

プロ経営者も起業家と同じように、自分の価値観を会社に投影していくような世界を作っていくべきではないでしょうか。

このように、「機能」に徹するプロ経営者の立場に甘んじることなく、その立場を超えていくチャレンジをしていくといいます。

プロ経営者は雇われてその職に就くわけですが、雇われた会社と一蓮托生となり、一生をかけようとする人もいます。これもまたプロ経営者の1つの姿といっていいでしょう。

プロ経営者は自らを「機能」として心得て、全うしていく。その先には会社を移っていくこともあれば、その会社に骨を埋めていく選択肢もあるのです。

新しいプロ経営者像をあなた自身が作っていく。それもまた心震わす人生のチャレンジと言えるのではないでしょうか。

プロ経営者の絶対法則

会社が大切にしてきたことに敬意を払う

プロ経営者はその企業に元からある大事なことを守りながらも、常識を破り、新しい取り組みへの挑戦も必要

伝統を守りながら、常識を破る

プロ経営者という役割は、既存の社員との反目も覚悟しておかなければなりません。既存の社員からすれば、突然やってきた人が経営者として自分の上に立つわけなので、よく思わない人が出てくるのもある程度仕方のないことなのです。

それでも、その反目の程度をできるだけ抑えるためには、「その会社がずっと大事にしてきたこと」を尊重することは非常に大事です。

しかし、そればかりでは変革はできません。その企業における大事なことを守りながらも、プロ経営者の立場から常識を破り、新しい取り組みへの挑戦も必要なのです。

人の話を素直に聞き、現場やお客様のことをしっかり理解し、その会社がずっと大事にしてきたことに対して敬意をもって尊重することを大切にしています。ここをないがしろにしたままで経営を進めていけば、既存の社員から「あの人はわかってない」と思われてしまい、組織を動かせなくなってしまいます。

とはいえ、これまでのやり方や常識にこだわらなくてもいいのです。過去も大事だけれど、企業活動を続けていくには未来の方がより大切だと考えています。

自分の仕事は3手先を考えて手を打ち、リスクをとって会社が次のステージに行けるような結果を出すことなのです。

プロ経営者は、過去と未来のどちらも大事にするために、その場合には相反する2つのバランスを取らなければいけません。

特に改革期にある企業の場合、過去を大事にしすぎると、自分がその会社と完全に同質化してしまい、ミイラ取りがミイラになってしまいます。逆に過去を重んじずにゼロから改革を行ってしまえば、誰もついてこなくなってしまうのです。

頭ごなしに過去を否定せず、まずはこれまでその企業が積み上げてきた歴史を尊重し、信頼を得てから徐々に変えていくことが大切です。

では過去から変えるべきことと、過去を重んじるべきものはどう区別しているのでしょうか。話を聞いたプロ経営者からは、「ひたすら社員と話をしていく」と述べていました。

創業者が経営理念として語ってきたことに対して、現在のビジネス環境やお客様の目線から考えるとどうかを問いかけていきます。

会社の創業時からの理念に「for the customer」というのがありますが、この考えは今でも正しく、ブレないものです。しかし、創業者が言っていたことでも、当時と今では環境や前提が違っていることもあるのです。

実際にベテランの社員から、「創業者はこんなことを言っていました」というコメントがあります。そのときには「ちょっと待って。当時の環境だったからそう言ったのではないか。今の状況なら創業者もそう言わない可能性はないか」と自分自身にも問うています。

本当に創業者が期待していたのは、「社員が自分の頭で考えることを期待していたのでは」と思うこともあります。私の考えでは、創業者も自身の言葉を一言一句、未来永劫守ってほしいとは思ってはいないのです。

言葉として出てきた理念よりも、その奥にある本質を捉えて、プロ経営者自身が現代の文脈に合わせた思考が求められます。オーナーの求心力が高い企業もありますが、そういった創業者とはお互いが納得するまで議論を行うことも必要なのです。

プロ経営者の絶対法則

環境変化を取りにいく

環境を変えなければ、プロ経営者にはなれない

与えられた環境での頑張りを誰かが見ていて、その人に引き上げられて経営者になっていくケースもあるでしょう。

しかし多くの場合は、既存の枠から飛び出し、あえて異境に身を置くからこそ、経営人材への道が開かれていくのです。実際に、私たちが話を聞いてきた人の中で、一度も環境を変えずに経営に携わった人はほとんどいませんでした。

私たちから言えることは、吸収力や柔軟性が高く、体力もある若いうちから結果にこだわり、既存の環境から飛び出すチャレンジが必要だということです。

プロ経営者の多くが口にするのは、「経営者の能力は経営者にならないと身につかない」ということです。どんなキャリアであったとしても、座学で勉強したことと、実践を通じた経験とでは大きな違いがあるのです。

「地位が人を作る」と言うように、最初は危なっかしいとしても、だんだんとその地位が板についてくるものです。プロ経営者を志すのなら、小さくてもいいから組織の長になることが大切です。

当然ですが、いち従業員と実際の経営者では、その責任の大きさも、視点の高さもまったく異なります。

経営者になると、社員の雇用を守りながら、その家族のことも思い浮かべながら経営に向かうことも求められます。これはいち従業員では得られない感覚なのです。こうしたプレッシャーやある種のストレスがあるからこそ、自らの能力が引き上げられるのです。

「大企業経験」はプロ経営者の評価対象にならない

日本を代表するような大企業に勤め、「小さい会社の取締役ならできる気がするのですが……」という相談をされる方がいます。その多くは、主に50代以上の方々で、一度も転職経験のない方です。

ヘッドハンターの目線からすれば、採用市場ではこのような「大企業1社経験」の人たちを救い上げるような環境にはなっていないのが実情です。

社会から見える輝かしい経歴は、プロ経営者やCxOにとっても魅力的かというと、必ずしもそうとは言えないのです。

できるなら、20代の半ばから厳しい環境に飛び込み、背伸びをした仕事に取り組みながらストレス耐性を身につけ、遅くとも30代後半までには小さくても組織をまとめていく。

そうでなければ、現在の採用市場ではプロ経営者になるのは難しくなってしまうのです。

プロ経営者の絶対法則

人の話に丹念に耳を傾ける

1人の判断で経営は行われない

経営者といっても、自分だけの判断で企業経営に向かっていくわけではありません。既存の社員やメンター、オーナーなど、様々な人の意見も聞きながら、最後は自分の戦略に落とし込んでいくことが求められるのです。

話を聞いたプロ経営者の中には、周囲の人の話を聞く大切さを説く方もいました。

一次情報を得るのと同じくらい、人の話を聞くことに時間を使っています。その際、決して又聞きではなく、実際に経験した人から私自身が直接聞くことです。なぜなら、人を間に介在させた状態で話を聞くと、その人の主観が入り、また違った意味で伝わってしまうからです。もう1つの理由は、一歩踏み込んでその話を聞きたい場合、そのレスポンスが遅くなってしまうからです。

また、現場の目線からすれば、経営者と話し合いをすることで、本人たちの納得感を上げることができるのです。

私は社員たちと1on1を徹底的に行っていきます。具体的には、組織の上から

現場を知る人に話を聞くことで、自分の持っている仮説がブラッシュアップされ、目の前の現象を違う視点から見ることができる

順に100人ぐらいと延々とやるのです。

この時間の8割は、私が聞き役となって相手の言葉を引き出していきます。私が彼ら、彼女らに何かしらの指示や指導をすることはほとんどありません。

私が1on1をやる理由は2点、「自分の仮説をチューニングすること」「組織づくりの準備をする」ためです。

現場のことをよくわかっている人に話を聞くことで、自分の持っている仮説がブラッシュアップされて、聞く前と聞いた後では起きている現象が違って見えるようになるのです。それをもとに、さらに仮説を練り上げていくわけです。

また、その仮説を実現するには、組織体制が伴っていなければなりません。そのため、1on1の時間で組織体制のヒントを見つけるべく、「この会社の中で変革を任せられる人って誰ですか?」という質問をします。

いまはくすぶっているけれど、すごい能力を持っていると思える人もいるし、この役員はうわさの通り仕事をしないというのも見えてくるのです。

仮説を練り上げ、戦略の見直しや中期経営計画の見直しなどを行い、社員が優秀だと言っていた人を変革のプロジェクトリーダーにアサインします。この一連の流れを

きちんと行い、私がモットーにしている「人と組織を元気にする」ことを体現していきます。なぜなら、答えは私ではなく、現場の人たちが持っているからです。私の役割は、すでに現場の人が持っている「答え」を引き出し、組織を作り、戦略を実行することなのです。

このように、プロ経営者として成功する人たちは、総じて謙虚な姿勢を持っています。その謙虚さが一番現れるのが、「人の話を聞く」という姿勢に現れるのです。

能力の高い人は独善的になってしまいがちですが、そこを自制して謙虚に人の話に耳を傾けられる人が社員と良い関係を築いていけるのです。

また、聞く力のある人は、オーナーやPEファンドとも良いコミュニケーションが取ることができ、結果的に成果にもつながっていくのです。

プロ経営者の絶対法則

スモールウィンで信頼を勝ち取る

まずは小さく結果を出す

武道には「守破離」という考えがあります。

武道で師匠に師事して技能を高めていくとき、最初は師匠のやるとおりを真似することから始まります。これが「守」の段階です。次に、他の師匠や他の流派の技能も取り入れてさらに高めていく段階が「破」です。そして、最終的には師匠から「離」れて、独自の道を作っていく段階に入っていきます。

これと同じように、プロ経営者は外様《とざま》として、その会社の流儀に習って仕事を進める段階があります。まずは、小さな実績づくりを重ねていき、社員の信頼を得ていくことです。これがプロ経営者にとっても「守」の段階なのです。

社員たちはプロ経営者に対して、はじめはお手並み拝見モードです。しばらく様子を見て、結果が出ない時期が続いてしまうと、社員の気持ちは離れていくものです。そこで小さくてもすぐに出せる結果を示しながら信頼を作っていけば、だんだんとその後の仕事がやりやすくなります。

プロ経営者に対して、はじめから社員が忠誠心のある状態ではないからこそ、早く結果を出し、信頼関係を築かなければならない

スモールウィンを信頼の土台に

私たちがインタビューをした経営者の中には、「スモールウィン」を得ることが大事と表現する方もいました。

生え抜きではないプロ経営者にとって重要なのは、短期間でいかに既存の社員との信頼関係を築けるかということです。

これはオーナー企業との明確な違いだと思っています。オーナー企業では、オーナーのポリシーや経営哲学に賛同した人が応募して入社してくるので、もともと経営者への忠誠心は高くなります。一方、プロ経営者ははじめから忠誠心のある状態ではありません。だからこそ、早く結果を示して、既存の社員との信頼関係を早く構築しながら、さらなる結果を出していくことが必要なのです。

どれだけ優れた戦略があったとしても、それを実行する人たちに受け入れる土壌がなければ、大きな変革には結びつきません。他の会社で実績を上げていたとしても、既存の社員にとっては何の意味もありません。

かつて勤めていたリクルートでは、「信頼残高」という言い方をしていました。信頼

関係が根底にあってこそ、現場の人はやりきることができるのです。

そのために心がけていることは「スモールウィン」を作っていくことです。

例えば、職場環境での不満を改善して快適なオフィスにする、非効率な業務を効率的に改善するなど、どんな些細なことでもいいのです。

実際に今の会社では、職場のエアコンが壊れたままだから直してほしい、と不満が出ていたところをすぐに修理しました。これも莫大な費用がかかるわけでなく、すぐにできることです。

目に見える結果を出すことで信頼を得ていく。それがあって初めて大きな戦略を実行できるのです。


このように、小さくてもいいから具体的な成果を出し、そこで信頼を得てから自分の持ち味を出していく。これが守破離のうちの「離」の段階にあたるのです。

CxOの絶対法則

経営者の意思決定をサポートする

経営者への直言を恐れてはいけない

CxOが経営者ナンバー2として機能することを考えたとき、最も重要なのは「経営者の意思決定を専門領域からサポートする」ことです。

経営者は経営の全般に精通していることが求められますが、当然ながら全知全能というわけにはいきません。個々の領域においては、経営者よりもCxOのほうがより深い知見を持ち合わせているケースもたくさんあるわけです。

反対の視点から見ると、経営者自身も財務や人事など、その専門性を持つ人の意見を期待しているはずです。時には経営者のためではなく、会社の繁栄のために直言することも必要な場面があります。

実際にあるCFOは、「CFOは数字をつぶさに見ているから言えることがある。そこをストレートに伝えつつ、議論を誘発させる存在でなければいけない」と話をしていました。

その時に大切なのは、信頼をベースにした伝え方です。

経営者から「あなたの話を聞く」という信頼関係がなければ、CxOの言動は「守り」になりがち

経営者から「あなたが言うことは真摯に聞いていく」という信頼を受けていなければ、自分自身も信頼を得るための「守り」の言動が多くなってしまいます。

たとえ自分が問題の矢面に立たされたとき、信頼があればそれを引き受けて「私の責任だ」と言えるようになります。つまり、経営者からの信頼を得ていれば、自分を守る必要がなくなるのです。

もちろん、あまりにも問題が続くと信頼を失います。ですが、信頼残高がちゃんと積み上がっていれば、その問題の犯人探しではなく、CFOの立場から問題の本質に切り込んでいくことができます。

信頼の築き方のパターンは1つではなく、会社と個人ごとに異なります。信頼の築き方がわかりやすい会社もあれば、そうでない会社もありますが、一定の作法はあるはずです。そこに適応していける人は、会社を移っても信頼を積み重ね出世できるはずです。

こうして経営者に対して的確なサポートを行うためには、経営に関心を持ち、自身で知識を習得していく必要もあります。これは関しては、他のCxOも同様の意味の発言をし

ています。

特定の専門領域に閉じこもっているだけでは、価値を発揮できるCxOになることはできません。

自身の強みに加えて、経営のことがある程度わかっていてこそ、経営者と対等に経営に関わることができる、ということです。

C×Oの絶対法則

意図しないキャリアも良い機会とする

逆境をストレッチの機会と思えるか

社会人になりたての頃は、誰もが希望通りの職域に就けるとは限りません。大学院での専門的な知識や、それに準ずるような経歴でもない限り、自分が望む部署でないことの方が多いでしょう。

もちろん会社からの指示なので、基本は配属や仕事の割り振りに対して拒否はできません。ただ、CxOを目指すのなら、そこでのメンタルの保ち方が差を生み出します。

CxOになる人たちも、はじめから優秀なところからスタートしてはいません。意図しない環境に放り込まれ、仕事に面白さがないと感じることもあるでしょう。

逆境で腐ってしまうのか、「これも自分をストレッチするための経験だ」と考えるかで、その後のキャリアは大きく変わっていくのです。

話をしたあるCxOの方は、腐りかけていた過去の経験を正直に告白してくれました。

CRMの業務ができると聞いて入社をしたのに、実際に任されたのはカスタマーサポートの仕事で、「ちょっと違うな」と思ってしまう経験がありました。

思い描いていたキャリアでなくても、逃げずにその現場で奮起し、少しずつでも経験を積み重ねていく

そこでへそを曲げて、転職を誘ってくれたコンサル時代の先輩に愚痴をこぼしていました。すると、その先輩が気にかけてくれ、いつも声をかけてくれました。そして、話をするうちに「この環境を選んだのは自分で、この先輩の話を聞こうと思ったのも自分なのだ」と気づくことができたのです。

そこから「腐っても逃げないでおこう」と思うことができるようになりました。


ここで重要なのは、「腐っても」というところです。

どんな人でも、気乗りのしない仕事の1つや2つくらいはあるでしょう。そんなときに、「腐ってはいけない」と思うと余計に苦しくなってしまいます。

大事なのは「腐っても」前に進もうとする姿勢なのです。思い描いていたキャリアとは違っていたとしても、逃げずにその現場で奮起し、少しずつでも経験を積み重ねていく。その経験が自分をストレッチしてくれるのです。

これはすべての経営人材に共通する体験です。自分のやりたいことがあるのも重要ですが、経営人材の場合、同時にそこに固執せずに自分を広げていく柔軟性を持ち合わせている人が多いのです。

スタンフォード大学のスピーチで、スティーブ・ジョブズが「Connecting the dots」と言ったことも、キャリアのヒントにつながる考え方です。

将来をあらかじめ見据えて、点と点をつなぎあわせることは誰にもできません。私たちにできるのは、今やっていることを将来につなぎ合わせることだけなのです。

だから、我々はいまやっていることがいずれ人生のどこかでつながって実を結ぶと信じ、主体的にキャリアを作っていくだけではないでしょうか。

どんな経験も前向きに捉えられるメンタリティがあれば、意図しない仕事でもどうにかくぐり抜けることができるはずです。

C×Oの絶対法則

オールラウンドに経験する

専門分野を総合的に極める

CxOはそれぞれの領域のエキスパートで、その分野の知識やノウハウを積み重ねてきている存在です。

しかし、その中身を見ていくと、必ずしも同じというわけではありません。同じCFOやCHROでも積み重ねてきた経験により、得意分野の濃淡があるものです。

例えば、CFOであれば経理業務だけに精通している人もいれば、FP&Aに長けている人もいたりするわけです。

日本のCxO人材の課題は、特定領域の中の、さらに特定分野だけに詳しい人はいても、「特定分野の中で総合的にできる人が少ない」ことです。

先の例で言えば、経理はもちろんのこと、財務から銀行対応、FP&Aまでを総合的に極めることが、CxOになる人には欠かせないのです。

あるCHROの方もインタビューで、「評価、採用など部分的な機能を担うことができる人はいても、人事を網羅的に見られる人が本当に少ない」と述べています。

その方は入社数年で人事の業務に携わるようになり、総合職6000人の人事選考を行

自分の専門領域を深めながら、「特定領域の中でのオールラウンダー」を目指す

いました。その後、自ら手を挙げて人事企画の部署へ異動し、新しい等級制度を構築しました。さらには退職金制度を改定したあと、労働組合の委員長になるなど、多角的にキャリアを重ねていきました。

実際にCxOになる人は、このような同じ職能の中で、自らも手を挙げていきながら、様々な経験を重ねていくのです。

人事の運用サイドから企画側に行きたい、と内部の中で言い続けたことで実現しました。やはりどんな大きな会社でも、自分から言い出さないと始まりません。

私が人事の仕事を始めたのは、最初は偶然だったかもしれません。ですが、これが自分の道と思ってからは、意識的に人事のキャリアを積もうと思って行動してきたのです。

CHROの場合、採用や人事制度、評価などいくつかの機能において、どれか1つだけができても不十分です。人事の業務を全体的に把握でき、実際にその業務を経験して、それぞれの組織を動かせなければCHROは務まらないということです。

これはCSO、CTOなどにおいても同様です。会社によってその区分は統一されて

はいません。自分の専門領域で得意な区分を深めながらも、それに安住することなく、「特定領域の中でのオールラウンダー」になることを目指すべきなのです。

それができる人だけが、CxOとしてマネジメントのできる人材になり得るのです。

CxOの絶対法則

二律背反の中で、自分の立場を保つ

社員と社長の意見の食い違いを前提に、「会社としてあるべき姿」を求めていく

どちらにも肩入れしないでいられるか

CxOは組織の中ではナンバー2としてだけでなく、現場の社員と経営者との間に位置する役職です。そのため、時と場合によってはこの両者の間で板挟みになることもあります。

両者が相容れないときに、どちらにも肩入れせずに、会社のためを思って客観的な判断ができるかどうかが重要です。実際にあるCHROの方は、CxOの日々は二律背反することだらけと口にしていました。

ときにアクセル、ときにはブレーキを踏まなければいけないのがCHROの立場です。そんな二律背反の中で、常に自分が安定した状態でいられるかどうかは、大事な資質だと考えています。

CHROでいえば、あまり社員の言うことばかり聞いていると社員の代表のようになってしまうこともあるし、反対に社員の言うことを無視して社長の単なる代弁者になってしまうこともあります。社員と社長の意見は食い違うものだから、その間で冷静に「会社としてあるべき姿」を求めなければなりません。

また、どちらにも肩入れせず安定しているためには自分自身の精神状態も重要です。感情に流されるようでは、その役割は果たすことはできないのです。そんな立ち位置ですら好きでやれる人でなければ、CHROは機能しないと思っています。

これは他のCxOにもあてはまる、非常に示唆に富んだ指摘といえます。経営者と他の社員の間に位置するという意味では、ある種の中間管理職なわけです。トップと現場との間に相容れない課題が出たときには、間を取り持つ必要が出てくる場合があります。

そのときには経営者に率直に意見することもあるでしょうし、現場の社員に対して厳しいことを言わなければならない場面もあるでしょう。

そんなときに一喜一憂していては、自身の見解がブレてしまいます。両者からの信頼を得る努力を続けながら、あくまでもCxOの職務に対して忠実なことです。

もちろん、CEOとの相性もあるでしょう。「周りがイエスマンであることを心地良いと感じ、苦言を呈するナンバー2を煙たがるトップもいる」というCFOの方の証言もあります。しかし、こちらが感情的にならずに冷静に、客観的に進言すれば話ぐらいは聞いてくれるはずなのです。

問答無用で自分の考えを押し通すような経営者であれば、そんな会社は早晩、衰退していくのではないでしょうか。

もちろん、多少辛辣な意見を述べたとしても、会社のためを思って言ってくれているのだろうと経営者に思ってもらえるような信頼関係を日頃から作っておくことが重要なことは言うまでもありません。

これは現場に対しても同じことが言えます。自分の評価のために動く「風見鶏」であれば社員からも信頼は得られません。信頼関係が根底にあれば、二律背反の局面も潜り抜けていけるはずです。

CEO、CFO、CHROの三角関係のバランスをとる

理想のＣＨＲＯ像とは

昨今、企業経営における人事の重要性が増している、と実感する人は少なくないかもしれません。日本はすでに人口減社会に突入して、これからも若年層の人材が増えていくことはないからです。

また、人材不足を補うために、海外からの人材を積極的に登用する動きもあり、多様性を考慮した採用、人材育成が必要になってもいます。

さらに、働き方改革が進み、働く人の意識が変わっている点もその重要性を高める一因になっていると考えられます。

このような時代背景の中で、ＣＨＲＯはどんな役割が求められるのでしょうか。

話を聞いたあるＣＨＲＯによると、「経営者だけでなく、ＣＦＯとの関係を重視すること」を意識していると言います。

ＣＦＯという立場にいる人は、数字で判断するのが役目ですが、その数字以外のところはＣＨＲＯが担保しなければなりません。場合によっては「数字で判断すると

CxOは自分の専門領域の観点から、必要とあれば経営者やその他のCxOに意見を投げかけなければならない

そうかもしれないけれど、その従業員の立場からするとどうか」とCFOに意見することも必要です。

人事がCFOの傘下に置かれているような企業では、数字の論理ばかりがまかり通り、従業員の心情が考慮されずに人の心は離れてしまうでしょう。そうならないためには、CHROはCEOやCFOともそれぞれから独立している必要があるのです。

CEO、CFO、CHROの独立性が崩れると、いずれかに偏った判断が下される。それは経営にとってはリスクになります。

ビジネス、財務、人事がそれぞれ独立し、バランスが取れていてこそ、経営者は最適解を選択できるのです。

これは前にも書いた「二律背反の中で、自分の立場を保つことが大事」にも通じるところがあり、他のCxOにも同じことがいえることです。

CxOは経営者をサポートする立場ではありますが、それはイエスマンということを意味しません。必要とあれば、自分の専門領域の観点から、経営者あるいはその他のCxOに対しても意見を投げかけなければなりません。

それぞれの立場をそれぞれがリスペクトし、批判ではなく意見をぶつけ合って議論できる組織は繁栄していくはずです。

CxOの専門性とは、事業のために存在する

顧客への価値提供を考え抜く

CxOに期待されていることは、「この分野については、あの人に聞けば何でも答えてくれる」という深い知見と、その知見をもとにした実行力です。言うまでもありませんが、CxOは普段から自身の専門性を磨いていくことは必須です。

実際に話を聞いた多くのCxOの方々は、「自分はここなら自信を持って語れる」という分野をいち早く構築することが、その後のキャリア形成のために大事だと説いています。

いわば、自分の専門領域に対するプライドを持つということです。

なにより、自身の得意領域を持っていることは、「これができたのだから、あれもできるはず」という、チャレンジするメンタリティの土台にもなります。

しかし、専門領域への自信やプライドが自身の評価のためのものであってはいけません。長く仕事をしていると、手段と目的を取り違えてしまうことはよく起こります。

CxOが担う「専門性」においても、この倒錯は起こってしまいがちです。実際に、この点について指摘するCFOの方もいました。

ＣＦＯという役割も、常に最終的な顧客に対して目を向けていくことが重要です。例えば、事業で医療機器を扱っているのであれば、顧客として病院があり、そこにいる医者がいて、そのまた先には患者がいます。「この機器は患者のどんな悩みを解決しているのか」など、その会社のサービスを理解し、顧客がどんな価値や意義を感じているのかを知らなければいけないのです。

また、他のＣｘＯの方も、別の角度から同じようなことを述べていました。

それぞれの専門と、経営に関する視点に加えて、生活者目線を持っていないとＣｘＯになるのは難しいのではないかと思っています。

ＩＴやＤＸは人々を楽しませたり、不利益を被らないようにしたりするためのもの、事業化とはそれを具現化するためのものだと捉えています。

どんなＣｘＯであっても、その会社の事業に関わる一員です。だからこそ、生活者目線から、自分の仕事は自社の事業にどんな付加価値があるのかを考え抜かなければいけないのではないでしょうか。

ある意味では、専門性を突き詰めることは、自身のキャリアが近視眼的になる危険性と表裏一体といえます。専門分野を深く掘り下げていくほど、広い視点が持ちにくくなるケースも多く、CxOはそこに陥らないよう意識しておくことが必要です。なぜなら、会社というのは、お客様に価値を提供することで存在できるものだからです。

経営者の立場から考えても、その会社が最終的にどんなお客様に価値を提供しているのかを考慮した上で、CxOの専門性を持ってサポートしてくれることは意義のあることだと思います。

「顧客のことは自分の仕事の範疇ではない。経営者や他の社員が考えればいいのだ」と思っているようでは、CxOの役割は務まらないのです。

第4章 プロ経営者・CxOインタビュー

第４章では、４名のプロ経営者と、５名のプロ経営者以外のCxOに実施したインタビューをまとめています。彼らがいかにして経営人材になったのか、その経緯や思いを感じていただけたらと思います。

プロ経営者インタビュー

自分の志向と経営方針を合致させる

株式会社カチタス　代表取締役社長　新井《あらい》健資《かつとし》氏

1968年、東京都生まれ。東京大学法学部を卒業後、三和銀行（現 三菱UFJ銀行）入行。3年間の在籍後に退職し、28歳の若さで都議会議員選挙に出馬したものの落選。その後、ベイン・アンド・カンパニーに入社し、約4年間コンサルタントとして従事した後、コロンビア大学ビジネススクールにてMBA取得。帰国後の2004年よりリクルートにて住宅関連事業を担い、新規事業部門ゼネラルマネージャー、営業部長等を歴任後、2012年退職。同年、やすらぎ（現カチタス）に入社し、代表取締役社長に就任。

政治家を目指した20代

私は20代の頃、政治家になることを目指していました。

政治家は経済について知っていることが必要と考え、大学卒業後は銀行に就職しました。銀行での仕事を経験すれば、中小企業から上場企業など、様々な企業への融資を通して、社会の実態や世の中の動きを短期間で理解できるのではないかと考えたのです。

銀行には3年勤め、28歳で都議会議員選挙に立候補しました。しかし、結果は落選でした。その後は、旧大蔵省出身で金融政策に詳しかった議員の方の秘書になりました。

秘書として活動していた当時、外資系金融機関の方が出入りしているのを見て、政策は企業の取り組みが大きく影響しているのだと強く感じることができました。

それをきっかけに、自分には多様な人たちと対等に議論ができるよう研鑽を積むことが必要と考えるようになりました。そこで、もう一度実業の世界に戻ろうと、一般企業への転職を目指すことにしました。

面接では、政治家にチャレンジした私の経歴に興味を持っていただき、コンサルティングファームに採用をしていただきました。

そのとき、私の年齢はすでに30代に迫っていました。

疑似的な経営体験を求めて

コンサルティングファームでは4年弱の在籍後、33歳からビジネススクールで学ぶことにしました。そこから実業に戻り数年が経つと、「やはり経営者になりたい」という意識が明確に芽生えている自分に気がつきます。

とはいえ、30代半ばで経営経験のない私を、社長として抜擢する会社もありません。そこで、会社の中で疑似的に経営者を体験できる企業を求めて、リクルートに転職しました。

リクルートでは、新規事業をゼロから立ち上げ、採用から現場のメンバーとのコミュニケーションまでを経験でき、今思えば経営者としての考え方が身につけられるような環境でした。

この経験から皆さんに伝えたいのは、経営者を目指したいなら、小さくてもいいので会

経営者を目指したいのなら、小さくても組織の中でゼロから事業を立ち上げ、「ミニ経営者」を経験すること

社の中でゼロから事業を立ち上げ、「ミニ経営者」として経験を積み上げてほしい、ということです。

同じCxOでも、CSOやCFOといった専門要素が強い分野であれば、PEファンドなど投資会社の財務部門で経験を積むのも良い選択だと思います。

ですが、会社のトップであるCEOの場合は、実際に現場で事業と組織を動かしていかなければなりません。

だからこそ、会社の中で事業を立ち上げ、メンバーを抱えながら結果を出していく経験が必要になるのです。

私が経営者になる前によく読んでいたのは、三枝匡さんの『V字回復の経営』でした。企業再生の様子がダイナミックに描かれた本書を読み、経営者という生き方に醍醐味を感じていたのです。

この本では、窮地に追い込まれて社内が諦めムードになっているところに、経営者がリーダーシップを発揮し、企業を前に動かしていく姿が描かれています。

潜在能力があるけれど、調子が悪くなってしまった組織をもう一度復活させていく。

そんな経営者の姿に、私は憧れたのです。

現場の声に耳を傾ける

その後、はじめて経営に携わることになったのが、現在のカチタスでした。

カチタスは1978年に創業し、「株式会社やすらぎ」を前身とした群馬県に本社を置く会社で、2013年に「リフォームして付加価値を足す」という思いから、現在の社名に変更しました。

中古住宅をリフォームして販売する事業モデルを確立し、2004年に名証上場。しかし、その後は業績が悪化し、上場を廃止した2012年に私がプロ経営者として経営参画することになりました。

そこからカチタスの経営に向き合い、結果としては営業利益10億円から140億円の企業へと成長させることができました。

このV字回復をもたらしたポイント、それは仕入れのリソースを大きく変えたことが要因でした。

競売物件を落札してリフォームして売っていた当時のカチタスから、空き家を購入しリフォームして売るビジネスモデルに転換したのです。

入社前はPEファンドから「競売物件の見通しは安心していい」と聞いていました。しかし、いざ入社すると、次第に競売での落札が難しく、現場からは苦しい声が届くようになりました。

社員から現場での問題を丹念に聞いていくと、これまで競売物件を落札してリフォームを行う、従来のビジネスには未来がなさそうだという予測が確信へと変わっていきました。

こうして、カチタスは「空き家を購入しリフォームして売る」というビジネスへと転換したのです。

このビジネスモデルを変えるヒントを与えてくれたのは、北海道の旭川と岐阜の大垣の2店舗が独自に行っていた、買い取り事業でした。

旭川と大垣の店舗にあったノウハウを拾い上げ、同様の事業にチャレンジしたい人に手を上げてもらいながら、次第に各店舗へと広げていくプロジェクトとして取り組んでいきました。

こうしてビジネスモデルの転換を1～2年かけて実行した結果、売上も利益もアップさせることができたのは、私にとっても大きな成功体験となりました。

「伝え方」にこだわる

ここまでお読みいただくと、カチタスの経営は始めから順調だったように見えますが、決してそうではありません。

はじめの頃は、リクルートでの経験を活かして部長が課長に指示すれば、現場の社員もいっせいに動く、というイメージのまま仕事を続けていました。

しかし当然ですが、リクルートとは組織環境の異なるカチタスでは、同じようになるはずがなかったのです。

当時のカチタスは、全国に１００店舗を展開していました。

部長を介して伝えると、曲解されたり、現場に届かなかったりするということが度々発生しました。社員からしても、社長が何を考えているかがわからず、疑心暗鬼を生んでいたこともあったでしょう。

悩んで考えた末に、現場の社員に対して「社長が何を考えているか」をダイレクトに伝

どこかの会社でうまくいったものが、必ずしもそのまま通用するわけではない

えた方が良いのではないか、と思うようになりました。

そこで、Ｗｅｂ会議を取り入れ、全社員に向けて情報発信をはじめてみました。

コロナ後の今では当たり前のことですが、当時はＷｅｂ会議自体を行ったことのある社員はほとんどいませんでした。ただ実際にやってみると、社員はみな変化に対応してくれて、私の考えがよりダイレクトに伝えられるようになりました。

この経験で私が学んだのは、「どこかの会社でうまくいったものが、必ずしもそのまま通用するわけではない」ということでした。

今でもＷｅｂ会議は、週に1回必ず実施しています。私だけでなく、他の経営陣からも、社員に直接具体的なメッセージを発することができるようになりました。

また、情報発信が経営陣からの一方通行にならないよう、社員にアンケートを実施したり、会議の途中で発言してもらったりするなどの工夫も重ねています。

このように、コミュニケーションの取り方を変えたことで、経営陣と社員の双方の意見が届くようになりました。これはカチタスが空き家をリフォームするビジネスモデルへと転換する上で、大きな分岐点になりました。

自分の志向を会社経営に取り入れる

プロ経営者としてカチタスで取り組んだ新たなビジネスは、私自身の心情としても気持ちの込められた施策でした。

競売物件というのは、住宅ローンなどの借金が払えず差し押さえになった物件です。誤解を恐れずに言えば「人の不幸」が前提にあるものです。

一方、空き家の購入というのは、住人のいなくなった物件を買うことです。管理に苦労していた売り主様の肩の荷を下ろすことや、ひいては日本の空き家問題の解決へとつながっています。

そして、私が仕事をする中で信条としてきた、「世のため、人のため」の事業づくりが、ようやく自分の手で実現できるという思いもありました。

あらゆる企業が取り組む事業は、世の中にどんな価値があるのか、どんな人に喜ばれるのかを常に意識してみる。これは、たとえ経営者ではなくとも、働くすべての人にとっても大切な観点です。

私が20代を捧げてきた政治活動も、簡明に言えば、世の中を良くすることを法律を通して達成しようとするものでした。企業も目指しているものは同じで、事業を通して世の中をより良くしていく活動なのです。

現在の私の仕事に置き換えてみると、家を売るという活動ではなく、空き家問題という社会課題を解決し、世の中を良くしていく活動なのだと捉え直すことができます。

そうすれば、自分の仕事と信条がつながり、たとえ外部からやってきた私のような経営者であっても、目の前の課題に向き合うことができるようになるのです。

今の能力より、少し上の役割を掴め

社会人として長く仕事をする中で、大切にしていることがあります。

それは、自分がどういう状態ならハッピーでいられるのかを強く意識することです。

私の場合、それは「世のため、人のため」になることです。それができれば、どんな仕事をしていたとしても、私はハッピーでいることができます。

目の前にチャンスが訪れたときに、必ずしも自分が目指す方向とすべてが合致していないこともあると思います。

そんなとき、自分自身がハッピーになれそうなチャンスを自ら掴みにいくことで、いつの間にかキャリアが作られてきたのだと思います。

キャリアを形成する上で、綿密な計画を立てても、その通りに進むことはほとんどありません。

大きなビジョンを持ち続けながら、今の自分の実力の少し上の役割がやってきたとき、常にそのチャンスを掴みにいく。そのことだけは、仕事をする上で常に意識してきたと自信を持って言えます。

さらにもう1つ大事にしているのは、「人とのご縁」です。

人との関わり合いを損得勘定で考えるのではなく、良い影響を与えてくださる人、信頼できる人、ウマが合う人との関係こそ、大事にしていかなければいけないのです。

そんな中から、自分にとってチャンスとなる話が舞い込んでくるのではないでしょうか。

そんな人からいただける話というのは、自分が目指しているキャリアの方向性と大きく違わないはずです。

チャンスを自らたぐりよせ、ぜひこの本を読むあなたにもプロ経営者の世界へ踏み出してほしいと願っています。

プロ経営者インタビュー

機能を超え、創業者に近づいてゆけ

株式会社JMDC　代表取締役社長　松島陽介《まつしまようすけ》氏

1972年、徳島県生まれ。同志社大学法学部卒業後、第一生命に入社。2001年よりA.T.カーニーへ転職。さらにマッキンゼー・アンド・カンパニーで合わせて6年間のマネジメントコンサルティングを経験後、2007年に日本におけるバイアウトファンドの草分けであるMKSパートナーズに参画、リーマンショックを経て丸の内キャピタルに転じ投資事業の立ち上げを指揮し実績を築く。2012年、NKリレーションズに代表取締役として招聘され、翌2013年にはグループ母体のノーリツ鋼機で副社長に就任。2018年4月よりJMDCの代表取締役兼CEOに就任し、2019年12月には上場を果たす。

経営のキャリアに至るまで

私のキャリアのスタートは、大学卒業後に入社した第一生命で配属された商品開発部でした。保険商品は規程（約款）と保険数理で成り立っていまして、そこで保険のロジックや数理と向き合っていきました。

入社から5年が経過すると、「違う世界で自分を試してみたい」と考えはじめ、同僚がコンサルティングファームのA・T・カーニーが主催する交流イベントに誘ってくれたのをきっかけに同社に転職しました。そこから数年後、さらにステップアップしようと、今度はマッキンゼーからの誘いを受けて転職をします。

2つのコンサルティング会社で仕事を経験するうちに、さらに別の世界に行きたい気持ちが高まり、今度は投資の世界を知るためにMKSパートナーズに参画しました。

そして、投資業も5、6年を迎えた頃、出会ったのがNKリレーションズでした。その後、グループの母体企業であるノーリツ鋼機の副社長に就任し、経営の道に乗り出していくことになります。

バラバラに見えるキャリアも、振り返れば常に今より厳しい環境を求め、仕事における責任範囲を広げ続けることを意識していたのだと思います。

求められた役割を超える

ノーリツ鋼機は、写真の現像機で世界の7割のマーケットを占める、技術力に長けた会社でした。しかし、2005年に先代の社長が亡くなり、その年をピークとして次第に業績が悪化していきます。

私が参画した2012年は、2008年度から4期連続赤字のただ中でした。バランスシートには数百億円の資産があり、財務としては強いものの、その資産は現金を除き、その多くは陳腐化していました。

この現金化できない資産がバランスシートに載っている以上、市場からはまったく評価されませんでした。後に必ず大きな損失を生むことは目に見えていたからです。

そこで私たちは、M&Aにより新しい事業領域を開拓しながら、事業と資産の整理・売却を行っていきます。将来的なリスクを減らし、安定的に利益が出る体制づくりに踏み切っていったということです。

とりわけ既存事業のリストラに関しては、途方もない大変な仕事でした。私ともう1人の役員で昼夜二交代制をとり、数万項目におよぶ資産の費目をすべて洗い出し、何を残し、何を売るかを調べ上げていきました。

先代が築き上げた祖業の資産・事業を売却することは、古くからの社員であれば感情的になってしまうことも予想されます。そのため、上場企業としての重要情報が漏洩するリスクを防ぐため、たった2人でやらなければならなかったのです。

祖業の写真現像機事業は、当時もまだ100億円以上の事業規模があり、1000人もの社員がいました。ただ、写真現像機の市場は、どんどんシュリンクを続けていました。固定費を抱えるモノづくりの事業特性として、市場が拡大している中では固定費にレバレッジがかかり利益率は向上しますが、縮小している中ではあっという間に赤字化します。

これまでも市場の縮小に合わせ、部分的なリストラを行っていました。しかし、一部の資産を売却しようとしても、昔からの幹部社員からは「それは売れない。先代の思いが残っている」といった話が常に出て、抜本的な対応はできていませんでした。

先の見えない中で、私たちの残された道は「祖業の売却」でした。

上場企業で、１００億円の事業規模がある祖業を売却した例はほとんどなかったと思います。しかし、「これをやらなければ会社は存続できない」と創業家とも丹念に話し合いを重ね、まさしく断腸の思いで進めていくことを理解していただきました。

もちろん、「先代が築き上げた事業の魂を本当に売っていいのか」といった葛藤もありましたが、「事業は時に合わせ変化させるべきである」との創業者・創業家の想いを感じながら、自分を奮い立たせてなんとかやりきりました。

祖業は、休眠資産を切り離すことでＢＳを軽くし、非公開企業に売却することで長期視点での運営を行っていただける環境に置きました。また、休眠資産は求める先にそれぞれ売却をし、結果的に多くの社員やお客様に迷惑のかからない形になりました。

実は、私はこのような役割を期待されて招かれたわけではありませんでした。Ｍ＆Ａを通じて新規事業を作る、これが私に与えられた最初のミッションだったのです。

しかし、いざ組織の中に入ると、新規事業を作るだけでは決して良くならず、土台をどう改善するかが不可欠と感じました。

当初は誰も求めていない祖業の売却。また、誰もやりたくないパンドラの箱の整理。でも、本当に必要であるなら、創業家にも社員にもきちんと話し、逃げずに向かい合うしかありません。自分の立場がどうかではなく、会社を良くするという覚悟があったからこそ、ステークホルダーの理解を得られ結果につながったのです。

修羅場で逃げない。その後のマネジメントの幅を広げてくれた意味でも、ノーリツ鋼機での修羅場は価値あるものでした。

雇われ経営者の役割に甘んじるな

プロ経営者は起業家と違い、あらかじめ舞台の用意された状態から経営と向き合います。

このとき、舞台を与えられたという「受け」からはじまったとしても、打ち手は常に先手につながるものでなければいけません。

つまり、「求められることだけでなく、自分が必要と信じる想いを組織に丁寧に反映させていく」ことがプロ経営者のあるべき姿なのです。

舞台が用意されその役割を全うする、これだけではいつまでも雇われ経営者のまま。もっとうまく役割が果たせる人が出てきてしまえば、いつでも替えのきく存在に過ぎません。

他方、自分の正しさや想いを前面に出していくら訴えてみても、多くの場合そのエゴは誰も受け取ってくれません。なぜなら創業者ではない、外部から来ただけの人だからです。


求められた役割を全うしながらも、その中で起こりうる将来のリスクを誰よりも見通す。ときに誰も求めていない、やりたくないことでも、必要と信じれば火中でも逃げない。反対する周囲に対し、感情の落としどころも見つけながら丁寧に進めていく。

雇われ経営者でも、創業者でもない、プロ経営者の役割はこの点にあると考えています。


また、こうした中で私が大切にしているのは、「大事は理をもって決し、小事は情をもって処す」という言葉です。

大きなことは理で決すること。これは言うまでもなく、そこで迎合していては経営者は務まりません。

ただ、物事には「そうは言っても」という部分があります。それを丁寧に吟味し、寄り添える存在でなければ、プロ経営者についていこうとする社員はいません。

人との関わりの中で、その苦悩を共感し分かり合えなければ、経営者以前に人として信頼し合えないのです。

プロ経営者には「求心力」を

プロ経営者は常に外部から招聘される存在です。そんな私たちが社員たちとゼロから信頼関係を作ることは簡単ではありません。

「なぜこの人が、自分より権限を持っているのか」を社員が納得するには、その会社を作ったから、誰もが認める実績を築き上げたから、積み重ねた信頼関係があるから、といった背景が求められます。

ですが、プロ経営者はその背景を持たずに組織に入ることがほとんどです。この点が、もともと求心力が備わっている創業者と圧倒的に異なる部分です。

この求心力を生み出すためには、組織としての「ビジョン」を掲げて周りの人たちに伝え続けること、修羅場で逃げないこと、背中で見せること、常に納得感のある解を示し続けること、人間として寄り添うことなど、いろいろな方法があります。

その方法論は、あなたの強みから導き出せばいいと思います。ただプロ経営者は、求心力を作り出すことを大事と思わなければいけません。

社長だから、役員だからと肩書の持つ権限を求心力の源泉と勘違いしない。

そして、ただの人気取りを求心力の醸成と勘違いしない。これが大切です。

どのポジションで入るかを気にするより、入ったあと余人をもって代えがたい存在になること、火中でも人がついてきてくれる存在であること、これを決して忘れてはいけないと思います。

社員には「オーナーシップ」を

私が現在所属するＪＭＤＣは、あらゆるヘルスケア領域のデータを集結させて、世の中に還元していくことをビジネスにしています。ＪＭＤＣの社長になって5年経ちますが、その間で上場を果たし時価総額数千億円の企業にまで成長しました。

ＪＭＤＣの事業領域には、健康保険組合や生命保険会社、医療機関、製薬会社、自治体、医師など様々な関係者が含まれています。この関係者を、経営者である私が1人で細部まで把握するのは不可能なことです。

そこで大切なのは、社員たちに事業全体の展望について開示し、向かう方向性を示した上で、チャレンジする機会を与え、自身の仕事についてオーナーシップを感じてもらえるようにしたことです。

また、チャレンジに対して失敗しても、決して「指さし」はしない。チャレンジした結果は、責めるのではなく自分で省みて学びに変えていくべきです。

目指すべき道を定め、社員を性善説でチャレンジさせ、失敗は責めない。こうしたことが社員の事業に向かう熱量とオーナーシップにつながっていくと思います。

オーナーシップを持つ社員が増えるほど、経営者は自分の荷物や背中を預けることができ、さらに広い領域や大きいリスクを取っていくことができるのです。

「機能」を超えた人が集まる組織を作る

プロ経営者は「機能としての経営者」からスタートします。

これは謙遜でもなく、エゴを抑えるためにそう位置づけるべきだと考えています。また、社員もステークホルダー（PEファンドなど）も、所詮はすべて機能です。

その機能の集合体としての企業や事業において、経営者はもちろん、社員も機能を超え、

機能を超え、プロ経営者として「会社を背負っていく」覚悟をした分だけ、その企業の価値を体現できる存在になれる

「会社を背負っていく」というオーナーシップや熱量を持ち合うことが、企業を強くする上で必要だと思います。

もちろん、企業は株主のものなので、プロ経営者は替えがきく機能でしかないのかもしれません。ですが、何があってもこの身を経営に捧げていくと思えたならば、機能を超えた創業者のマインドに自分を近づけていくことはできます。

機能が集合している企業の中で、プロ経営者が背負った分だけ、その企業の価値を体現できる存在となっていくのです。

経営者が想いと求心力を持ち、社員が各所でオーナーシップを発揮する。そういう形を作り出すことが、プロ経営者の目指すゴールではないかと思っています。

誤解を恐れずに言うと、多くのＰＥファンドの投資家は「経営者は自分たちの差配の下にある存在」だと心のどこかで考えていると思います。

プロ経営者はただＰＥファンドから言われたことをやっているだけでは、より優れた機能が現れてしまえば、取って代わられる存在になってしまうでしょう。

トップが機能的になっていくと、社員もどんどん機能的になっていきます。その結果、

社員は搾取されているのではないかという思いも出てくるようになります。

そこをもう一歩踏み込み、創業者に近づこうとすると、経営者として新たな世界が広がっていきます。そして、社員の仕事への向き合い方も変わってくるはずです。

経営者は背負えば背負うほど、機能を超えた世界に入っていくことができるのです。

プロ経営者の置かれている状況は人によって異なり、正解はありません。

誰も答えを持っていないからこそ、背負い、人を求心し、託す。

こうした機能を超えた分だけ、真の経営者につながっていくと思います。

私も今の立場で働き続けることで、プロ経営者の相場としての見方や、果たす役割がより良い方向へと向かえるよう、今日も経営と向き合っていきます。

プロ経営者インタビュー

キャリアを描き、人生を自分で操縦する

株式会社ベイシア　代表取締役社長　相木孝仁《あいきたかひと》氏

1972年、北海道生まれ。明治大学政治経済学部卒業後、NTT入社。同社の通信機器販売事業に従事した後、米国コーネル大学ジョンソンスクールへ私費留学。MBAを取得後、ベイン・アンド・カンパニーへ入社。その後、カルチュア・コンビニエンス・クラブを経て、ベイン・アンド・カンパニーへ復帰。2007年、楽天でグループ傘下となったフュージョン・コミュニケーションズの経営再建を託された。楽天の複数の事業トップを務めた後、鎌倉新書、パイオニアを経て、現在はベイシア代表取締役社長を務める。

キャリアは自分で描くしかない

私は大学卒業後、NTTに入社します。そこで2年勤務した後、米国コーネル大学のビジネススクールで学ぶために自費で留学しました。

このビジネススクールに入ってしばらくした頃には、経営者として生きていくことを決意していました。

なぜそのように思ったのか、その理由の1つはNTTでの経験がありました。

NTTで働いていた当時、私は先輩たちのモチベーションにばらつきがあったのを見てきました。

電話を取り巻く環境に技術革新が起こり、アナログの交換機の技術者の人余りが大量に発生し、そういう人たちが営業に回されていました。それまでとまったく違う業務を担当することになり、なかにはモチベーションが上がらない人もいたはずです。

こういう人たちに働いてもらうにはどうすればいいか。そんなことを考えた頃から、経営者への思いは始まっていたのかもしれません。

また、留学先のビジネススクールで出会った同級生の視座の高さに刺激を受けたこともあったのでしょう。

私は小学校から大学、実業団までテニスを続け、ずっとキャプテンとして活動してきました。そのため、自分の強みはリーダーシップだと思っていました。

そこでテニスから仕事に「競技」を変えたときに、自分のリーダーシップやチームワークを生かして身を立てていくには、経営者の道に進むのがいいと考えていたのです。

社会に出るまではテニスばかりをしていたので、自分は周りと比べてスキル、ノウハウが備わっていないことは若手の頃から気づいてはいました。

それでも経営者になるには勉強しなければいけない。そう考えた結果が留学への挑戦でした。

ＮＴＴで経営者になる確率は非常に低く、実力だけでは社長になれないだろうと薄々気づいていました。社会に出て数年、自分のキャリアは自分で描かなければいけないという結論に至ったのです。

経営状態を全社員に詳しく伝える

数字を使い、ファクトな状況を会社全体に詳らかにする

コンサルティングファームを約6年半経験し、楽天に移ったときの最初の行き先はフュージョン・コミュニケーションズ（現・楽天コミュニケーションズ）という会社で、当時はマイラインという長距離電話の事業を行っていました。

現在から見れば、革新的な技術で日本の電話料金を安くしてきた会社でしたが、当時は赤字が続き立て直しが急務でした。そこでＮＴＴ出身の私に白羽の矢が立ったのです。

これが経営者としての最初のターニングポイントになりました。

このときに実行したのは、まずは会社全体のファクトを数字でもって詳らかにし、会社が危機的な状況だと社員に公表することでした。

赤字の会社というのは、常に何かが炎上しているかと思いきや、決してそんなことはありません。真綿で首を絞められるように悪化することもあるのです。

私がフュージョンに入ったとき、当時の会社はとても平和で、社員は皆おとなしい印象を受けました。なぜなら、経営陣が社員に経営に関する数字を詳細に知らせず、会社が危機的な状況にあることを誰も知らなかったからです。

そこで私を含む経営メンバーをはじめ、全社に経営状況を数字で知らせていくことにし

ました。

それと同時に、アメーバ経営のように各部門の役割と目標を分解し、「ここはあなたの担当だから、ここまでの数字を作れるように動いてもらいたい」とカルテのようなものを作り、部門ごとに指示していきました。

すると、社員自らが課題を見つけ、対処していく組織体質へと変わっていきました。

ここで取り組んだことが、会社が浮上するポイントの1つになりました。


もう1つは、どの電気通信ビジネスで赤字になっているのかを細かく見ていき、事業撤退するか、値上げするかを判断したことでした。

この2つの取り組みにより、入社から10か月後には単月黒字になり、その後もずっと黒字が続きました。

そして、最終的には会社全体で60億円ほどの利益改善へとつながり、今振り返ると、最初の経営経験とすれば、100点に近い自己採点をしても良いような成果を出すことができました。

ここでの経験を乗り越えると、楽天グループ内で「うまくいかないビジネスがあったときは、相木にやらせてみよう」という空気が生まれ、10年間の中で様々な事業に携わらせてもらいました。

そして、楽天での経験を通じて気づいたのは、私は「すでに完成度が高く、磨くところのない企業には魅力を感じない」ということでした。

経営者も自分を売り込め

楽天の国内、海外の事業とひと通りうまくいったので、独り立ちしたいと社長の三木谷浩史さんに伝え、楽天を卒業することになりました。

自分が参画することでどのくらい貢献できるか。

その事業が持っているポテンシャルがどれくらいあるか。

この2つの判断軸で経営に携われる企業を探していきました。

そこで見つけたのが、鎌倉新書やパイオニアといった企業でした。

どちらの企業に対しても、私の方から「経営者のニーズはありませんか」と提案してい

自分で自分の人生をコントロールしなければ、人生は誰かにコントロールされてしまう

きました。人生は短いので、立場にかかわらず、自ら仕事先を探していくのが自分の性分には合っていたのです。

こうして見ていくと、私はなにより、自分の人生をデザインしたい気持ちが強いことがわかります。

GEの生え抜き社員からCEOになりGEを蘇らせたジャック・ウェルチは、「自分で自分の人生をコントロールしなければ、あなたの人生は誰かにコントロールされてしまう」という言葉を残しています。私もこの言葉にあるように、自分のキャリアのために努力してきたつもりです。

そうして時が経つと、環境が変わり、自分の軸とは少しはずれたイベントが出てきたり、異なる種類の人と出会ったり、異動したりすることもありました。

こうした思いがけない出来事が起こる方が、人生がより豊かになっていく感覚も味わえると思います。

私はあらゆる出来事を拒絶せず、柔軟に受け入れた方がいいと思っています。それが結果的に、自分のキャリアを魅力あるものにしていくのです。

3つの能力を磨け

これまでの自分の経験を振り返ってみると、プロ経営者の能力として改めて大事だと思うのは次の3点です。

①高い成果を持続的に出す力
②強いチームを組成する能力
③インテグリティ（誠実、真摯、高潔さ）

これはどんな仕事にも言えることですが、経営で一度や二度の成功はラッキーでできても、何回も続けることは簡単ではありません。

たとえ自分が退いた後でも、会社が成長し続けられるよう、会社をデザインする。そして、会社の規模や上場・非上場かにかかわらず、結果を出し続けることが求められます。

これは経営者1人ではできないことなので、当然強いチームを作ることが必要です。ときには自分が深入りし、その仕事に手をかけることもありますが、やりすぎてしまうと自分がボトルネックになる、あるいは人の成長機会を奪うことになります。

ここぞというときにだけ経営者自らが手を出すことが大切で、経営者とは基本はチームの仲間に仕事を任せていくものです。

社内の優秀な人を見つけて抜擢し、自分で積極的に情報発信して社外から人材を引きつけるのも、チームを作る上での重要な役割です。

そして、３つ目のインテグリティは言うまでもないことかもしれません。誠実さ、真摯さ、そして高潔さがなければ、短期では成功できたとしても、いずれほころびが出てきます。

経営者こそ、「利他の精神」で動くこと

経営者こそ、「利他の精神」で動くことが本当に大切なのです。

成功したときは「君の手柄だよ」と言い、失敗したときは「私の責任だ」と口にできるリーダーでなければなりません。これが逆になるようでは、リーダーの役割は務まらないのです。

もしも経営者に「利他の精神」がなければ、業績を優先してお客様に不利益になることをしたり、社員や取引先に横柄な態度を取ったりしてしまう人もいるのです。

「自分は何者でもない、たまたま経営者という役割をやらせてもらっているだけ」

そう思えなければ、真の成果を発揮できる経営者にはなれない。私はそう胸に誓うようにしています。

まずは目の前の仕事で一番を目指せ

プロ経営者やCxOを目指すなら、目の前の仕事で1番になることを目指す。まずはそれが最も大事だと伝えたいです。

誰もが転職しやすくなった今だからこそ、その選択肢は最後の切り札として、今の仕事で1番になってからでも決して遅くはありません。

目の前のことに夢中になれず、隣の芝生が青く見えてしまうようでは、転職先でも新たな不満が出てくるものです。

プロ経営者に必要な資質は1つとは限りません。ただ、煎じ詰めると、結果を出し続けるために「やり抜く力」があるかどうかが最も重要だと思っています。

やり抜く力がある人は、限界値のキャパシティが広く、ちょっとやそっとの困難にへこたれず、目標に向かって自分に負荷をかけ続けることができます。

そして、自分の仕事に対して他責にしたり、途中で投げ出したりせず、自分で解決策を探し、なんとしてでもゴールに辿り着きます。

現在の若い人たちの中にも、そういった資質を持つ方はたくさんいますし、私自身もそんな人から刺激を受けて学ばせてもらっています。

最後にもう1つ伝えたい言葉は、作家の村上春樹さんの言葉から引かせていただきます。『職業としての小説家』という自伝的エッセイ本の中で、村上さんはこんなことを言っています。

> 小説というジャンルは、誰でも気が向けば参入できるプロレス・リングのようなものです。(中略)
> 小説をひとつ書くのはそれほどむずかしくない。(中略)
> しかし、小説をずっと書き続けるというのは、ずいぶんむずかしい。誰にでもできることではない。(中略)

それでも書きたい、書かずにはいられない、という人が小説を書きます。そしてまた、小説を書き続けます。そういう人を僕はもちろん一人の作家として、心を開いて歓迎します。

リングにようこそ。

これは経営者にもまったく同じことが当てはまります。

長く経営者として仕事をするのは、本当に大変なことです。しかし、私は経営という仕事ほどエキサイティングで楽しいものもないと言い切れます。

20代30代の方も、ぜひともひるまずに挑戦を続け、なんとしても経営者にならずにはいられないという方にも、ぜひ経営者のリングへ来ていただきたいです。

プロ経営者インタビュー

リスクを取らないことが最大のリスク

ショーワグローブ株式会社　代表取締役社長　星野達也《ほしのたつや》氏

1972年、栃木県生まれ。東京大学工学部地球システム工学科・同大学院修了。ルレオ工科大学（スウェーデン）客員研究員。1999年に三井金属鉱業入社、マッキンゼー・アンド・カンパニーを経て、ナインシグマ・ジャパン（現ナインシグマ・アジアパシフィック）を共同創業、取締役副社長。2017年ノーリツプレシジョンの代表取締役社長に就任。2023年ショーワグローブの代表取締役社長に就任。

大企業で社長になれるかどうかは、実力だけでなく、めぐりあわせや時の運の影響の方が大きい

「社長になることは簡単ではない」と気づいた

私は大学では、工学部で鉱山開発の研究をしていました。日本には鉱山がないので、鉱山技術者になれば海外に行けると考えたのが、鉱山開発を選んだ理由です。

大学院ではヨーロッパに留学してさらに専門的な学びを得たのち、大学の教授の紹介で三井金属鉱業に鉱山技術者として入社しました。

就職活動の役員面接で志望動機を聞かれた私は、恥ずかしげもなく「この会社なら社長になれると思った」と口にしていました。今思うと恥ずかしい限りですが、当時は会社に入る以上は社長を目指すのが当たり前だと思っていました。

でも、結局三井金属鉱業は10か月で辞めることになります。

その理由の1つは、会社に残っても、社長になれるかどうかは実力ではなく、めぐりあわせや時の運の影響の方が大きい、ということに気づいたためです。

自分でコントロールできないところに自分の人生を賭けるなんて納得できない、若い頃の私はそう思っていました。

もう1つの理由として、当時の時代背景もありました。

私が社会に出た1999年は、国内の金融機関の破綻や大企業の統合などが進んでいる時期でした。また、カルロス・ゴーン氏が日産の社長に就任し、辣腕をふるっていた時期でもあり、「最初に就職した会社に一生勤め続ける」「大企業はつぶれない」「サラリーマンの最終ゴールが社長」というそれまでの常識が一気に覆された時代でもありました。

私は学生結婚をしている身です。何があっても家族を守らなければならないという危機感の中で、自分を鍛え直し、何があっても社会で生き残れる人間になりたいという思いから、マッキンゼーに転職しました。

これが経営のキャリアにつながる最初のターニングポイントとなりました。

20年以上前の話ですが、当時は今以上に「転職はリスク」と言われていました。

ただ私は「リスクを取らないことが最大のリスク」と考えていたのです。

マッキンゼーへの転職、クビ宣告

マッキンゼーで要求されるレベルは非常に高く、周囲についていけない私は、あっという間に落ちこぼれ認定を受けました。半期ごとに行われる業績評価で、イエローカードを連発されるのです。

どれだけ頑張っても評価は上がらず、評価のたびに「Below Average」という評価をもらい、3年目にクビを宣告されました。

何が悪いのかもわからないし、どうすれば改善できるのかもわからない。悶々とした日々が続いた上でのクビ宣告で、本当に自分が情けなかったです。会社の裏で、泣きながら家族に「クビになった、ごめん」と電話で説明したあの日のことは、今でも忘れません。

気を入れ替えて転職活動をし、何とか次の仕事が見つかった矢先に、マッキンゼーから再び連絡がありました。

「星野をクビにするくらいなら自分があずかる」と言っているマネージャーがいるということで、急遽呼び戻されました。首の皮1枚でつながった、そんな感じでした。

そこからは一気に風向きが変わりました。

一度クビになったと思うと、何も怖くなくなり、自分の好きなように仕事をするようになり、不思議なことにパフォーマンスが向上しました。プロモーションもして、海外オフィスへの転籍もオファーされるなど、後半の3年間は本当に楽しく充実した日々でした。

マッキンゼーの同僚と一緒に起業をすることになり、マッキンゼーは6年で卒業しましたが、卒業の際に会社から「もう少し残れないか」と言っていただけたときには、達成感を感じました。

マッキンゼーで学んだことは本当に大きなものでした。

問題解決とコミュニケーションという、ビジネスの二大基本技を徹底的に学びました。それこそ、「叩き込まれた」と言っても良いと思います。

今になって思いますが、経営者の仕事というのは、突き詰めれば2つ。

意思決定と、組織を動かすことです。

意思決定には問題解決力が求められますし、組織を動かすためにはコミュニケーション力が求められます。その2つを、ゼロから徹底的に叩き込まれたのは、本当に良かったと思います。

マッキンゼーでは、「コンフォートゾーンから抜け出せ」ということも学びました。コンフォートゾーンとは、心地良い環境、つまり成長が止まった楽な状態を言いますが、常に自分が成長し続ける環境に身を置け、ということです。

自分が楽をすることに罪悪感すら感じるようになり、常に自分を高める行動をとっていないと気が済まなくなっていきます。結果として、毎日何かしらの成長を試みるようになりました。

また、仕事が落ち着いてくると、リスクをとってでも次の挑戦に進みたくなり、コンフォートゾーンから抜け出すために仕事を変えていきました。

「リスクを恐れて何もしないと、その方がリスクになる」と常々感じ、自分の尻に鞭を打ちながら、より難しいことにチャレンジするということを今も繰り返しています。

オープン・イノベーションを活用して新規事業を創出

マッキンゼーを卒業後、当時の同僚とナインシグマ・ジャパンを起業し、10年間、国内外のメーカーのオープン・イノベーション支援に奔走しておりました。その間に執筆した

『オープン・イノベーションの教科書』（2015年出版）がそれなりに社会に認知され、私の人生を大きく変えることとなります。

当時考えていた、日本の製造業に関する問題意識を一気に吐き出しただけですが、そのインパクトは大きかったのです。なので、本の出版も大きなターニングポイントでした。

2016年に、『オープン・イノベーションの教科書』を読んだというPEファンドから声がかかりました。「和歌山に、不退転の覚悟で勝負に出る面白いメーカーがある。その会社の経営をしてみないか」という内容でした。

もともと経営者には興味があったため、ぜひ挑戦したいと思い、和歌山県に本社を置くノーリツプレシジョンの社長に就任しました。この和歌山での6年間は、私にとって大きな成功体験になりました。

ノーリツプレシジョンは写真現像機の製造販売を生業としていましたが、デジタルカメラの出現により事業が大きく縮小しました。最盛期には1000億円近い売り上げがあったのですが、デジタルカメラ出現後の約10年で、10分の一以下にまで縮小しました。

自力での変革が難しいと判断してPEファンドに経営を依頼、そこから私に話をいただいたという流れです。

つまり、私のミッションは業績回復と会社の変革です。縁もゆかりもない和歌山に単身で乗り込み、会社の大改造をするわけです。ものすごいチャレンジでした。それこそ「コンフォートゾーン」とは真逆の、「毎日が戦場」という状況でした。

ヒト・モノ・カネ、すべてにおいて大きな制約を受ける中、「守る、伸ばす、創る」戦略（祖業の写真現像機事業は守る、芽が出た事業は伸ばす、その上でどんどん新規事業を創る、という戦略）で会社の建て直しを目指しました。戦術としては得意のオープン・イノベーション（社外連携）をフル活用です。

6年かけて会社の業績は大きく回復し、成長基調になり、私がいなくても自走できる状況になりました。そのため、2022年末に経営を次のリーダーに譲り、私は新しい挑戦に進むことにしました。

新しい挑戦の場は、姫路にあるショーワグローブという手袋メーカーです。2023年に代表に就任し、企業変革に取り組んでいます。現在（2023年6月）は大苦戦の真っ最中ですが、時間をかけてしっかり会社を強くしていくつもりです。

自分がどこまで行けるのか知りたい

マッキンゼーでは徹底的にビジネスの基礎を学び、ナインシグマの起業ではゼロから会社を創る経験をしました。その後和歌山のノーリツプレシジョンの代表として、メーカーのターンアラウンドを経験しました。そして今、さらに大きなメーカーの変革に挑戦しています。

現在50歳ですが、70歳まで働くとして、1サイクル5年とすれば、あと4サイクルは回せると考えています。その間に、どこまで自分が成長できるのか、自分自身に挑戦したいと考えています。より難しいことにトライしながら、自分自身が成長を続け、それとともに自分がかかわる会社が成長していけば良いと思います。

ちなみに、会社には「社長マックスの法則」というものがあり、社長の器以上に会社は成長しないといわれています。つまり、会社が成長するためには、社長自身が成長しなければいけないのです。それを心に刻みつけ、日々精進を続けていきます。

経営者を目指すということ

経営者を目指す方に、若いうちに挑戦した方が良いことは何かと聞かれると、私目線でお伝えしたいのは次の3つです。

①見晴らしの良いところに身を置くこと
②修羅場を経験すること
③多様性の中に身を置くこと

①の「見晴らしの良いところに身を置く」に関しては、経営者には高くて広い視座が求められます。ですので、早いタイミングでいやおうなしに高い目線から全体を俯瞰するポジションに身を置くと良いと思います。

例えば、会社の中であれば企画部や社長室、関連会社の経営に近いところなどは、比較的見晴らしの良いところに立てるかと思います。また業界で見ても、サプライチェーンの末端よりは、真ん中に近いところに立つと、その業界が俯瞰でき、広い視座で物事が見えるようになるかもしれません。

②の修羅場経験は、よく聞く話だと思います。その背景は、経営者になると毎日しんどいことが続く上、かなり孤独な日々が続いていきます。当然、厳しい状況に耐える忍耐力、つらい中でメンタルを維持する自己管理力が問われます。

だからこそ、修羅場に耐えた経験があると、採用する側としては安心感があるという発想です。必ずしも仕事の中での修羅場経験だけでなく、何でも良いから、厳しい状況で頑張ったという経験があるとベターという意味です。

修羅場経験はしたくてできるものでもないのですが、あえて言うと、炎上するプロジェクトに入る、あえて業績の厳しい関連会社に出向する、といったやり方はあるかもしれません。

③の多様性に関しては、改めて説明する必要はないかと思いますが、どう考えてもこれからの社会は多様化を続けていきます。

明日、上司が年下のフランス人になるかもしれないし、部下に日本語が話せないベトナム人がやってくるかもしれません。言語、文化、人種、年齢、性別など、多様な人と働くことで、世の中に対する理解度が高まります。

直球ばかり打っていては変化球には対応できないのと似ていますが、今後は変化球に対応できる能力が問われるようになると思います。

一方で、ここに挙げた3つのことをしようとすると、必ずリスクが伴います。その時にリスクをとれるかどうかが人生を分けると考えています。そんなときは、「リスクを取らないこともリスク」と考えれば、おのずとアクションは見えてくると思います。

新卒入社した環境を離れ、キャリアのターニングポイントを作る

株式会社トキワ常務執行役員ＣＦＯ　秋《あき》田《た》千収《ゆきのぶ》氏

東京大学法学部卒業後、現在のＰ＆Ｇジャパンに入社、約13年間ファイナンス部門に勤務。紙製品の事業収益管理、アジア地域でのベビーケア製品製造の効率化、大手チェーンとの戦略的協働推進、取引制度改革、グローバルプレステージスキンケアの収益管理等の職務を担当。２００９年現在のフィリップス・ジャパンに転職しヘルスケア事業のコントローラー、同事業の関東地区の営業・サービス統括責任者、同社ＣＦＯを歴任。２０１９年より現職。

若いうちから下働きだけで終わらない

新卒から13年間過ごしたＰ＆Ｇでは、部門別採用の中で経営管理本部（ファイナンス）という部署に勤務しました。

アジア地域の工場の統廃合提案やコスト削減プログラムの取りまとめ、マーケティング、ＩＴ、物流、消費者調査など多数の部門と営業でカスタマーチームを組み、小売チェーン

若いうちから意思決定に関与する仕事ができ、より早く経営について学び、成長できる環境を求める

との戦略的協業の推進を担当しました。最後は赴任先のシンガポールで、SK－Ⅱという化粧品ブランドのグローバルHQとして事業計画と収益管理を担当しました。

新卒時にP&Gを選んだ理由の1つは、自分が若いうち、特に最初の5年間で事業の意思決定に関与する仕事ができ、より早く経営について学び成長できると考えたからです。

若いうちから下働きだけで終わるのではなく、事業成長と収益拡大のためにどのような経営判断を行い、その中で自身の業務がトップマネジメントの意思決定にいかに関連し、どう影響を与えられるか。

その思考プロセスを学ぶ環境がP&Gにはあると思えたのです。

事業成果と組織への責任を担える環境を求めた、1度目の転職

その後、2009年にフィリップスの日本法人に転職しました。フィリップスは電気カミソリなどの生活家電で一般には知られる会社ですが、当時の日本では売上の大半が医療機器事業からのものでした。

最初の2年は医療機器事業のコントローラーと戦略企画部長を担当。次の4年間はファイナンスを離れ、責任者として営業やサービスエンジニアといった専門職の方も含めた現

場を統括する責任者を担当し、その後は日本のＣＦＯの責務を果たしました。

とりわけ私のキャリアの大きなターニングポイントであり、また財産にもなったのは、フィリップスで現場責任者を任せていただいたことです。

売上や利益を伸ばし、その数字責任を持ちながら戦略を立てることが重要なのは当然ですが、それはファイナンスの業務を通じてある程度学ぶことができます。

しかし、本当の結果責任とは、その土台であるお客様との信頼関係の構築、サービスやオペレーションの品質向上、それを維持改善する組織開発が重要になります。

また、そこにはチーム内でのコミュニケーションや信頼関係、各メンバーのモチベーションが大きく影響し、そこに責任をもって初めて本当の結果責任を果たせるのだと考えられるようになりました。

新たな経験と学びを求めた2度目の転職

フィリップスでの経験を基に、２０１９年にトキワに入社し、経営企画本部長を務めました。２０２０年からは常務執行役員ＣＦＯとして、経営企画に加えて財務経理部門、Ｉ

T部門、法務部門を統括しています。

トキワへの転職は、次の学びを得るチャレンジがしたいと考えた末の決断でした。23年余りを外資系企業で働き、その中で約4年日本法人のCFOも経験しましたが、キャリアの残り約10年をどのように過ごすかは少し悩みました。

ちょうどその時期、息子たちが中学受験をしたこともあり、今後は海外ではなく日本に生活の拠点を置き続けたいと考えていました。そこで、新たな学びと経験を求めて日本企業を選択しました。

あえて中小企業のトキワを選んだ理由は、今まで外資系企業の日本法人や事業本部での経験しかなく、本社としての経営のかじ取りを実務から学びたいと考えたからです。

トキワはカラーメイク化粧品の受託開発・製造（OEM）を専業にしている会社です。日本の化粧品大手だけでなく、欧米のプレステージブランドからもその品質や開発力を称賛され、この分野では10年以上日本のトップシェアをもつ非常に有望な会社です。

そこにいる高い専門性と技能を持つ方々とともに、自分の経営的な知見を融合して世界的なさらなる飛躍にチャレンジするというのは、自身の学びだけでなく仕事としてのやりがいにおいても非常に魅力的でした。

売上や事業規模・知名度とキャリア形成におけるスキルや経験の内容は比例しない

2度の転職を通じ、私の経験からお伝えができるのは、売上や事業規模・知名度とキャリア形成におけるスキルや経験の内容は比例しないということです。

大企業で働くことで得られるスキルや経験もありますし、トキワのような中小企業でも、そこでこそ学べるものややりがいがあります。最終的には自分がキャリアの中で目指す姿や、身につけたいスキルと経験、自身のキャリアステージ、やりがいを考え、今の自分にどこが適しているかを意識的に選択することが肝要だと考えています。

ビジネスというものは、一定のルールのもとで競争し、良い結果を得るために多くの努力と工夫をする必要があります。それはスポーツに似ている面があるように思えます。「どうすれば勝てるのか」「どのような点で競合に対する優位性を築くか」を考え、優良な戦略を立て、迅速に意思決定し続けることがより良い結果につながるのです。

CFOに求められるもの

CFOには会計や経理の知識、資金調達などの財務的知見、企業統治や内部統制などの知見が求められます。また、事業計画の策定や意思決定のための分析とシナリオプランニング、戦略的思考や組織横断的なリーダーシップなどが求められる場合もあります。

多様で深い知識や経験、資質を持つことが良いのはもちろんですが、すべてを兼ね備えるのは難しく、企業の置かれている状況によって有用なスキルは異なるものです。

自身のキャリアを築いていく中で、自分の軸足、つまりどこに強みや経験の厚みを持たせたいのか、逆に言えば、どの強みなら一定の水準でも良しとしておくのかを選択することも大切だと考えています。

足りないところはパートナーやチームメンバーと協力しながら補完し合い、お互いの強みを理解しリスペクトをもって協力ができれば、結果的により強い組織にもなるはずです。

私はこれまでCFOとして仕事をしてきた中で、より高い成果や持続的な成長につなげるために注視している点がいくつかあります。

明確な戦略、卓越した実行力（計画・アクションの徹底）、組織の構築です。

どれだけ優れた戦略であっても、それを実行計画に落とし込んで活動レベルで違いを作らなければ結果に違いは生まれません。

会社の価値を最大化させるには、それらの3つに違いを作り、CFOとして事業成果と企業価値を最大化するためにはそれらに目配りできることが重要になります。

必ずしも現場での経験が必須だとは思いませんが、私の考えではそれぞれの実務に携わり、学び、経験したこと、その中での苦労も理解しチームで取り組んできたことが、自分なりのCFOとしてのスタイルにつながっています。

20代や30代の方で経営のキャリアを目指すのなら、経営者や事業責任者といった意思決定を行う人の背景にある「価値観」「理念」「思考プロセス」を知る機会をなるべく多く作り、そこに意識を向けることをおすすめします。

私もまだ至らない点が多いですが、CFOという役割からトキワをさらにすばらしい会社にし、社員が誇りを持ち続けられるように自分の責任を果たしていきたいと思います。

全方位の経験ができる環境を求めよ

株式会社ＨＲＤＪ代表取締役社長　原田次朗《はらだじろう》氏
早稲田大学法学部卒業、日本生命保険相互会社入社。２０１４年６月からベルシステム24ホールディングスで企画ＧＭを担当し、２０１６年６月からデジタルアーツにて人事部長に就任。ＤＢＪ投資アドバイザリーでのエクゼクティブ・ディレクターを経て、２０１９年10月ＴＳグループのＣＨＲＯに就任。２０２０年にＨＲＤＪを設立。

日本生命での16年間

私のキャリアは日本生命への入社から始まりました。同じだけ働くならできるだけリターンが大きく、キャリアをはっきりと描けそうな仕事を求めて選んだものでした。

ここで私は16年働くことになるわけですが、最初は新潟の長岡支社に配属され、営業職５５０人の営業サポートを行いました。当時の筒井義信支社長（現会長）から、「今後のキャリアを考えると、人事に行くのが良いのでは」とアドバイスを受け、人事のキャリアを進んでいくことになりました。

入社3年目に人事部に異動し、私は総合職6000人の人事考課が担当業務となりました。考課の情報集めから、運用ルールに従っているかをチェックしていく仕事でした。

人事として経験を重ねる中で、考課の運用と仕組みづくりでは後者の方にやりがいを感じている自分に気づいていきます。そこで上長に相談し、人事制度の企画セクションへの異動をさせてもらいました。

そこから退職金・年金制度の抜本改革や、定時に全国のオフィスがいっせいに消灯される仕組みの導入など、働き方改革の推進にも携わりました。7年間、同じ仕事をすることがないほど、様々な改革に取り組んでいきました。

39歳、転職を決意した日

日本生命の仕事で思い出すのは、保険金の不払い問題に伴う諸対応です。

契約者単位で全契約を調査するため、2000人規模の増員を行いました。調査完了後、同規模の要員削減が必要となるわけですが、私は300人近くの人員を有する組織の課長職として対応を進めました。事務・システムの構造改革、事務職として入社した一般職に顧客対応職務への配置転換を進めるなど、前例のない対応を実行しました。

ところが、一連の構造改革に対する現場のハレーションは想像以上でした。

それを収めるべく、固定給労働組合の代表になり、現場の不満や意見に耳を傾けながら、粘り強い説得や経営との交渉を2年間続けました。

労働組合の代表は、日本生命の出世コースとも言えるのですが、組合では「決められたことをやれば出世できるのだから、余計なことは言わないように」と釘を刺されることも多々ありました。

それでは仕事をしている意義がわからない、と思うようになります。

当時は39歳とリスキーでしたが、転職を考えるようになっていきます。そんな中、ベルシステム24で当時CHROだった外村学さんと出会い、入社することになります。

その後、複数の会社で様々な人事業務を経験し、今度は少し離れたところから複数社の人事支援をする立場の方が貢献できるのではないかと考え、自分の会社を立ち上げることにしました。

人事のすべてを把握できるような経験を

これまでのキャリアを振り返ると、貴重な経験がいくつかあります。

1つは、日本生命6年目のときに各種法改正を踏まえた退職金・年金制度を再構築したことです。

同制度の大幅改訂はおよそ20年ぶりで、詳細を理解している人はほぼ誰もおらず、新法の制約も踏まえて一から自ら考えて作り上げていくという経験をしました。

そこで人事という仕事の奥深さ、制度企画が自分の指針になることを意識し始めるようになりました。

先述のように、不払い問題対応を進める際に、経営側の意図を現場に伝えることの難しさを痛感したことも貴重な経験でした。

また、ベルシステム24では有期雇用の人事に携わりましたが、その後のキャリアの選択肢を広げる経験になりました。これらの経験が私のCHROとしての幅を広げてくれたと思っています。

一口にCHROといっても、その機能は採用、制度、評価など様々あります。しかし、日本企業では各機能が分化しているケースが大半で、一気通貫で扱える経験ができる人はほとんどいません。

CHROという役割は、このうちどれかだけでは務まらないものです。人事業務を全体的に把握でき、それぞれの組織を動かすことができる必要があるわけです。

私の場合は、ベルシステム24においてこれらの人事業務をすべてコーディネートする機会をいただきました。この経験が、CHROとして価値を発揮する上で、今でも大きく活かされています。

短期的な年収ダウンを恐れない

私はキャリアを歩んでいく上で、たとえ一時的に現在の年収が下がったとしても、リスクをとってチャレンジすることが大切だと思っています。

目先の年収の目減りに気を取られず、経験を優先し、そこで得たものを次のキャリアに活かしていけばいいのです。そうすることで、長期的に見ると年収も上がり、大きく羽ばたく瞬間がやってくるでしょう。

とりわけ、人事という職能を持つ人は、転職市場にも出現しづらい、保守的な方が多い印象があります。

その中からCHROを目指すのであれば、いかに新たな環境に飛び込み、「組織の演出家」として人事業務に携わっていくかがカギを握っていると思います。

私はCHROを目指す方から相談を受けることもありますが、経験も足りないまま自分1人で何でもできると勘違いする方もいるように感じています。

しかし、それはあくまで想像の域を超えたものでしかありません。

「わかっていること」「知っていること」と、「できること」には大きな差があるのです。

採用だけ、人事評価だけ、制度設計だけ、という機能軸での経験から、どれだけ全方位的に人事業務に携われているのかを意識してみてください。

そして最後に、自分にとって親身になってくれるエージェントとの出会いも、キャリアを作る上では欠かせない要素です。

キャリアというのは、自分1人で考え、自分だけで想像しながら動くだけでは失敗することの方が多いでしょう。

自分自身が目指したいキャリアを歩んできた人を参考にしながら、積極的に第三者のアドバイスを受けることが大事ではないでしょうか。

「試してみる」「面白がる」で自分を広げていく

株式会社TOSEI執行役員　経営変革統括責任者　松下幹夫《まつしたみきお》氏
大阪大学経済学部卒業後、P&Gジャパン入社。その後、経営コンサルティング会社（アーサーアンダーセン、現PwC）、キヤノン、ミスミを経て現職。

人と違う道を求めて

私が大学卒業後にP&Gへ進んだのは、海外に関わる仕事をしたいというとてもシンプルな想いからで、就職先として考えていたのは商社か銀行、もしくはメーカーへの就職を考えた結果でした。

P&Gでは主に2つの仕事を行いました。1つは営業として、目標数値を持って売上実績を上げていくということです。

もう1つは小売店舗におけるマーケティング企画担当として、プリングルズというポテトチップスブランドの日本市場でのインハウスプロジェクトの立上げから携わり、店頭で売るための施策づくりを担っていました。

その後は約3年間、当時のアンダーセンという会社で経営コンサルティングの仕事に従事しました。外部のコンサルタントや大手流通企業が参加する製販一体の効率化プロジェクトが身近にあり、そこでの働きぶりやインパクトを肌で感じたのがきっかけでした。また、人と少し違うことをやってみたい気持ちもありました。

当時、先輩や同僚はスキルや経験値を活かせるような、消費財の業界に転職する人が多い中で、自分は新しいチャレンジができそうな道を選びたかったのです。

月500時間近く働いたコンサル時代

アンダーセンでは、携帯電話や自動車産業などで、国内外でのマーケティング戦略や新サービス開発など企業のフロント活動の変革に関わるプロジェクト中心に参画しました。

ほかには、環境問題の課題解決に取り組むNGO団体のプロジェクトや、2000年代前半の政府のe-Japanシステムプロジェクトなどに関わりました。

最初は当然ですが、自分が未経験の業界のプロジェクトで早期にパフォーマンスを出すために、慣れない業務フローを必死で理解し、ゼロベースで考え、成果物を出していく日々は大変なものでした。

当時のコンサルは例に漏れず激務で、月に500時間近く働いたこともありました。ただ、体力的にも無理が効く年齢でもあり、そこで自分の体力やパフォーマンスの限界も知ることができました。

とはいえ、客観的な立場にならざるを得ない経営コンサルティングは、私にとって一生の仕事ではないとも思っていました。そのため、次第に事業会社での次のステージを考えはじめます。

コンサル時代の方とご縁があり、キヤノンで新たなグローバルCRM部門の立上げに伴い、転職を決断しました。事業部横断、地域横断で顧客へのサービス&サポートや市場情報のフィードバックなどグローバルでの仕組み作りを担う部署でした。

例えば、今では当たり前になっているWebのFAQシステムの構築プロジェクトや、主要市場での顧客満足度データを切り口に製品サービス改善に反映するといった様々な横断プロジェクトなどに従事しました。

キヤノンでは大規模な組織マネジメントやタスク管理などプロジェクトマネジメントのスキルを発揮し、今でいうDXやBPRのプロジェクトを数多く経験しました。

事業への手触り感を求めて

キヤノンには骨を埋めるつもりで転職したのですが、次第にプロジェクトマネジメントよりも事業そのもの、PL責任を担う仕事をやりたいと強く思うようになっていきます。社内で取り組むか、それとも転職してチャレンジするか。そう考えた末に、機械部品の専門商社のミスミへ転職しました。海外3年を含め、主に事業統括責任者を務めました。

ミスミでは、最初はFA企業体の社長補佐として入社し、その後東京本社でPL責任者としてチームを率い、当時急増していた大手EMSからの大口受注体制の確立やフォーキャスト精度向上、民生市場検討といった課題対応など、事業成長と組織強化の両立に取り組みました。

その後、希望していた海外事業のチャンスをいただき、タイとインドネシアへ赴任し、現地で新規事業の立上げや事業責任者として忙しくも充実した日々を過ごしました。

現在勤めているTOSEIへは、より自分でリーダーシップをとって仕事ができる環境を求めて参画を決めました。売上100億円、従業員300人ほどの事業規模で、より手触り感をもった仕事が期待できそうと思えたのです。

「自分で事業を動かしている」と実感できることは私にとって大事な判断軸です。これが何千億円の規模感の会社では、その実感が得づらいと考えたのです。

現在の会社が製造販売しているのは、コインランドリー向けの業務用洗濯機や、真空包装機という真空パックを作る機械です。0から1を生み出す仕事と、1を10に拡大する仕事を同時並行で進めていける楽しさを感じています。

不満があっても腐らず、前へ進む

環境も価値観も異なる若い人へのアドバイスなど大それたことは言えませんが、昔の自分に伝えるとしたら2つあると思います。

1つは、フットワーク軽く動いてみることです。私自身、年齢の割にフットワークは軽

今の環境で腐らず、面白がって仕事をすれば、たいがいのことはなんとかなる

いのではとは思っていますが、この「ちょっとだけ試してみる」というのは大事だと思っています。

例えば、「大きなクライアントの担当になるけど、やってみる?」と上司から言われたとき、すぐに手を上げられるよう普段からそれに向けた準備作業や意識を持っておくことが、これまでのキャリアにつながっているように思えるのです。

もう1つは、「今の環境で腐らず、面白がって仕事をすれば、たいがいのことはなんとかなる」ということです。

例えばマーケティングの仕事ができると思っていたのに、実際に担当することになったのはアフターサポートで自分の期待と大きく違ったときなど、正直面白いと思えない場面もありました。

しかし、そこで腐ることなく、なんとか目の前の課題に向き合って踏ん張ったことが、今のキャリアにつながっていることも事実なのです。

その後、商品を売る部分だけでなく、事業や会社全体を俯瞰して見られるようになり、結果的にこの領域をやっていた経験はかけがえのないものになっています。

たとえ目の前のことが多少面白くなくても腐らず、仕事を面白がる余裕があると良いと

思っています。

このメンタリティは、自分の楽天的な性格や、おおらかな部分も関係していると思います。ですが、仕事面では自分から努力し、そうしようとしているところもあります。

長い仕事人生、真面目なだけではいずれ苦しくなってしまいます。仕事を面白がることは、自らの努力によって誰でもできることです。

そうやってその時々で奮闘することが、キャリアを拓いてくれるのではないでしょうか。

議論を誘発してイノベーションを起こす

カイザーキッチン株式会社Head of Finance　鷲巣《わしず》大輔《だいすけ》氏

一橋大学商学部卒業。学位：学士（商学）。ＦＰ＆Ａ（Financial Planning & Analysis）スペシャリスト。大学卒業後にＰ＆Ｇ日本法人に入社し、以後一貫してコーポレートファイナンスの仕事に携わる。Ｐ＆Ｇ社を退職後は、スタートアップ企業ＣＦＯや北米メジャービール会社モルソン・クアーズ社のＡＰＡＣ地区ＣＦＯを歴任。２０１８年からは活動の舞台を日本企業に移し、ＰＥファンド案件による企業の経営企画を担当し、株主であるＰＥファンドと経営チームの橋渡し的立場を担う。２０２２年から再びスタートアップの環境に転じ、現職であるカイザーキッチン社のHead of Financeに就任。同時並行でグロービス経営大学院にてファイナンス講義を担当している。

ＣＦＯからスタートアップへ

私がＣＦＯになる最初のきっかけは、大学で専攻していた競争戦略でした。そこから、就職活動をする中でＰ＆Ｇに戦略を担う部署があると聞き、それがファイナンス部門でした。意思決定者のビジネスパートナーとして助言をする立場と聞いて、これは面白そうだと思ったのを覚えています。

P&Gで最も長く担当していたのは、化粧品事業部でした。その後、日本と韓国のビジネスユニットのコーポレートファイナンスマネージャーを担い、そこで当時このビジネスユニットの長であったボブ・マクドナルド（その後、本社のCEOに就任）氏の近くで仕事ができ、リーダーシップとは何かを学ぶ機会をいただきました。

2001年にはP&Gを出て、もともと興味があったスタートアップを立ち上げようと画策します。ですが、結果的に立ち上げはうまくいかず、当時一足先に独立創業していたP&Gの先輩から声をかけてもらい、そこに参画することになります。

当時は2004年のことで、そこではじめてCFOの役割を担いました。

この会社は15人ぐらいの規模でしたが、私がCFOの役割を果たす最終的な段階では100名を超える企業へと成長していきます。そのような大きな変化を起こす環境の中で、ナンバー2として組織全体を俯瞰する立場で仕事をできたことは貴重な経験となりました。

スタートアップでの仕事は充実していましたが、自分で事業を立ち上げる夢もどうしても断ち切れず、2012年に退職し起業を決断しました。しかし、事業をうまく軌道に乗せることができず、撤退。2015年からはモルソン・クアーズ・ジャパンのCFOに就任し、その後ミラーとの合併に伴う組織再編でアジア地区のCFOを任命されました。

アジア地区のビジネスの縮小に伴い、自らのポジションがなくなったことをきっかけに、2018年には、日本企業にも目を向けて仕事をしてみようと、PEファンド経由でTASAKI、2020年からは金子眼鏡に転職をします。

その後は、「SCHMATZ」のブランド名でビアダイニングを展開するカイザーキッチンに移り、30代前半のドイツ人経営者2人のもとでCFO的な役割（正式な肩書はHead of Finance）を務めています。

CFOの3つのタイプ

これまで様々な方と接する中で、CFOには3つのタイプが存在すると考えています。

1つ目は、資金調達を得意とする人で、スタートアップにはこのタイプが多いように思います。IPOへのナビゲーションがうまくできて、投資銀行出身の人が活躍されている印象があります。

2つ目は、「スーパー経理部長」として、企業の内部管理をしっかりと整備し、正確でタイムリーなレポーティングができる人です。

3つ目は、FP&Aを得意とする人です。経営者のビジネスパートナーとして、戦略を数値に翻訳し、意思決定するためのインフラを整備できる人が該当します。日本で典型的なのは2番目のケースで、昨今は3つ目のケースも増えてきているように思います。

PEファンドは当然のことながら、会社に対して説明責任を求めます。定性的な情報だけでなく、数字が戦略においてどうなのかというレポーティングを求めていきます。つまり、PEファンドにおけるCFOの案件には、戦略を数字でもって語ることができる人のニーズが多いということです。私自身、そこに対する自己研鑽を高めていった結果、現在のポジションにつながっているのだと考えています。

20〜30代で武器を身につけよ

自分のキャリアを振り返ってみると、20代から30代の若いうちから、普遍的に戦える武器を徹底して磨くことができたのが大きかったと思っています。

20代では、P&Gというシステムができ上がっている会社の中で、FP&Aの部分を叩き込まれたことが後に普遍的な武器になりました。

30代では、それまで磨いていた武器が通用しない世界に入ったのがよかったと思っています。「自分はできるビジネスマンだ」という自己理解は思い込みであって、それはP&Gのシステムがあってこそだと気づいたのです。

この新しい環境に飛び込んだことで、傲慢にならずに30代を過ごせたのも大きかったのです。

もう1つ、小さいながらも会社全体を見るCFOの立場を経験できたことも大きなものでした。P&Gの化粧品部門でのファイナンス担当は、分業化が進んでいるため、見えている世界も狭いものでした。しかし、小さい会社ではすべて自分で動かさなければならず、それによって視野を広げられたのです。

常に前提条件を問いただせ

CFOという存在は、社長に対してイエスマンでありつつ、強力な意見対立者であるべきだと思っています。

私もこれまで数多くの社長と関わってきましたが、その立場にいるがゆえに、見えていないこともあります。その中で、ＣＦＯは数字をつぶさに見ている立場から、参謀として議論を誘発させなければいけないのです。つまり、ＣＦＯとはイエスマンの側面と、提言者の側面の両輪であるべきなのです。

私の職業倫理観として、「なぜやるのか」「このプランは本当にベストなのか」「比較していくと、こちらの方が良いのではないか」と言えなければ、ＣＦＯの存在価値はないと思っています。

なかでも特に意識しているのは、「その前提条件は正しいのか？」ということをトップに問いかけることです。なぜなら、前提条件を軸にロジックが組み合わさることで意思決定につながればいいのですが、その前提条件から間違ってしまっている場合、判断そのものも正しくないものになってしまうからです。

私は前提条件や戦略を常に議論することで、イノベーションは生まれていくのだと信じています。

また、前提条件を問いただすためなら、時にはあえてけしかけるような言い方をすることもあります。その際は反論するのではなく、意見として述べ、より良い解を導くためのたたき台として使い分けています。

このような私のスタンスは、トップの人格によっては煙たがられることもあります。しかし、鋭い意見対立と尊敬の念は別のものだと理解し、お互いを尊重する基本姿勢を持ち合わせていれば、経営の意思決定のヒントを与えることもできる存在でもあるのです。

そして、CFOが意見を問いかけた上でトップが意思決定したのなら、私はその選択に対して100%コミットしていきます。

それがナンバー2としてのあるべき姿ではないでしょうか。

生活者視点を持ち続ける

パスメイクホールディングス株式会社 事業開発本部長 兼 デジタル事業開発室長　井上《いのうえ》 祥《しょう》 士郎《じろう》氏

トランス・コスモスに入社。その後ＳＢクリエイティブ、ＧＭＯ、Googleほか、インターネットアドテク業界を中心とした事業開発業務に20年以上携わる。パソナを経て、２０１９年パーソルホールディングスに入社。人材ビジネスのＤＸ化に向けたグループ支援を担当。２０２３年より現職。

学生起業から事業開発の道へ

私は小学4年生で父を亡くし、それまで住んでいた千葉県から北海道に転居をすることになりました。その後、私は地元の小樽商科大学に入学しました。

このような背景もあって、お金を稼ぐということに対する意識が高く、専攻した経営戦略・経営情報論の実践として、地元の小樽観光を支援する産学官（学生ベンチャー）プロジェクトに参画することとなりました。

プロジェクトでは、当時、まだ日本のインターネットビジネス黎明期において、小樽観光のホームページ制作を行うという貴重な経験ができ、ITの可能性を感じることができました。その体験がきっかけでトランス・コスモスと出会いました。

はじめは技術営業を任され、今では当たり前になったECサイトの構築や動画ストリーミングを行うためのソフトの販売を行っていました。

私は技術に対する興味が強かったこともあり、実際に売るだけではなく、実装までを一緒に技術チームと取り組んでいくことで、技術の基礎を身につけることができました。技術営業の仕事をする中で、在学中より企画が好きだったこともあり、事業開発をしたい思いが強くなっていきました。

そこで、当時数々のIT専門雑誌や書籍を出版していた、ソフトバンクパブリッシング（現SBクリエイティブ）に転職しました。私はメディア部門の事業開発担当として、シアトル、サンフランシスコなどに赴き、4年間で20社のプロジェクトに携わりました。

ここでの経験を通して、事業開発をする上での基礎知識を叩き込むことができました。この頃はソフトバンクグループのボードメンバーの皆さんをアテンドする機会もあり、濃い時間を過ごすことができました。

事業開発をできる場を求め続けて

一方、事業開発スキルを着実に身につけてはいたものの、ＩＴバブルの崩壊もあり、新規事業の立ち上げ業務に携わる機会が次第に減少していきます。その反面、オペレーショナルな業務を担当する機会が多くなってきました。

それまで培ってきた事業開発スキルを、絶やさず高めていきたいと危機感を抱いていた頃、ＧＭＯインターネットグループの熊谷正寿代表と出会い、当時ＧＭＯホスティング＆セキュリティという、戦略子会社の事業企画部に転職しました。ここではバリューコマースとの合弁会社としてアフィリエイトの会社を立ち上げ、社長に就任しました。

さらには縁あって、Googleから声がかかり入社をしました。当時はちょうどYouTubeの日本版を立ち上げるタイミングで、私は、Googleディスプレイ広告と、フィード向けアドセンスの日本市場における販売戦略を担当しました。

ただ、Googleでの仕事は、ある意味でサービスや製品が非常に完成されており、その中で新規事業開発担当になるには、米国本社の専任部署に行かなければいけないこともわかってきました。

私は、事業開発を専門にしたい思いをずっと持ち続けていたので、エヴァンゲリオンのパチンコ台などを手がけているフィールズに新たな可能性を求めて転職し、パチンコ以外のグッズ化やゲーム化をメインとするマーチャンダイジング・ライツマネジメント事業に参画することにしました。

その後、博報堂グループでデジタルマーケティングを担うアイレップの執行役員と子会社社長となったのですが、過労が祟り悪性リンパ腫を患ってしまいました。

このとき、改めてスタッフや周囲のありがたみを痛感し、この先働く人を支援する仕事をしていこうと心に決め、人材派遣会社のパソナに身を置くことにしました。

パソナではエンジニア派遣の会社のマーケティングと事業戦略の責任者を任せてもらい、そこで人材ビジネスを学ぶことができました。その後、パーソルホールディングスのグループDX推進本部に移り、最終的にはテンプスタッフをDX化する事業に2022年の3月まで務めました。

その後も、事業開発に取り組みたい気持ちは変わらず、パスメイクホールディングスに移り、事業開発担当の職に戻ることになりました。

側から見ると、計画性もなく幾度も転職を繰り返しているように見えますが、私は一貫して会社に自分のキャリアを預けずに、「事業開発」の軸のもとに歩んでいきました。

CDOの本来の役割

ＩＴ事業に取り組む人は、「ＩＴは手段」と考える人も少なくないかもしれません。一方で、私はＩＴを「手足を拡張するための道具」だと考えています。

例えば、自動車のナビシステム。地図を片手に運転していた時代には、車は主として目的地に到着するための移動手段として利用されることが多かったですが、カーナビが当たり前の今、目的地までのルートの悩みから解放され、より多くの人が運転をレジャーとして楽しく快適に行えるようになりました。

デジタル化とは本来そういうもので、生活の中に何かしらの楽しさを組み込んでいくことを指していると思っています。

そして、ＩＴを手段に事業を拡大するのではなく、ＩＴがなければ実現しえない、より豊かな社会を実現するための事業を作る人を、私はＣＤＯと定義づけています。

そして、事業を作る上で大事なのは「生活者視点」です。

すべての事業に共通しているのは、ＩＴによって生活者が不利益を被らずに、より楽しめるためのものでなければならない、ということです。

例えば、メディア系の仕事では人を楽しませるポジティブなこと、人材サービスでは就職や収入を代表とするキャリアに対する不の解消といったネガティブなことの両方に取り組んでいました。

一見すると正反対の事業のように思えますが、いずれも「消費者が不利益を被らず、もっと楽しめるには何が必要か」を常に考えた先にそれぞれの事業があると考えています。

また、生活者というのは、動画配信サービス１つとってみても月１０００円を簡単には払ってはくれません。そこに価値を感じてもらえなければ、たとえ数百円でも払ってもらえないのが現実です。

人がお金を払いたくなる動機はいったい何か、徹底的に「生活者視点」から考えることが重要なのです。

専門性×人への興味＝CxO

ＣＴＯやＣＦＯ、ＣＤＯになる人は、自分の専門性だけに固執しては難しいと思っています。

専門性に加えて、人への興味を常に持ち、人と人をつなぐような役割ができなければ、チーフにはなれないのです。これは日本に限らず、海外のCxOにも同じことが言えます。

また、CxOの立場になったとしても、現場と話さなくなってしまうのではいけません。繰り返しますが、すべての事業開発のスタートは「生活者視点」で考えることなのです。私は、人の購買行動はとても不思議で面白いものだと思っています。スマホゲームには月に何万円も課金する人が、昼食を節約してコンビニで済ませたりするわけです。普通に考えると、1回ゲームをやめてご飯を食べに行けばいいのだけれど、やはりお金を出す対象は変わらず食事よりゲームになるのです。

このような購買行動を知るには、たとえ立場が変わったとしても、常に人への興味を持ち、現場を見て学ぶことが欠かせないわけです。

専門性に加え、人への興味を持ち、人と人をつなぐ役割ができなければ、チーフにはなれない

第5章

~採用側から見た~

プロ経営者・CxOとして活躍する人、しない人

第5章では、経営人材を選定する立場にある、アドバンテッジパートナーズ喜多氏、ブラックストーン坂本氏へのインタビューを通し、経営人材に求められる資質を見ていきます。

まずは、これまでの復習です。

プロ経営者やCxOは多くの場合、PEファンドからの要請を受けて招聘され、早ければ5年ほど、長くても10年のスパンで経営と向き合っていきます。

彼らを招聘することで売上・利益・企業価値を上昇させ、そして役割を終えると次の活躍の場として、別の企業に招かれていきます。

また、PEファンドは投資家から集めた資金を元に企業の株式を取得し、経営権を得ることでその企業の成長や再生に向けて経営に参画し、リターンの獲得を目指します。

この目的の実現のために、必要な経営人材を見極め、組織を作るのも、PEファンドの大切な役割です。PEファンドはプロ経営者やCxO候補者に対する精緻な情報収集をもとに人材を評価し、企業を変革する人にオファーを送ります。

では、PEファンドが経営人材を選定するとき、どんな要素を考慮しているのか。

この視点を知ることができれば、プロ経営者やCxOを目指す人にとって、キャリアの道筋が見えてくるのではないでしょうか。

そこで、第5章では日本を代表するPEファンドのアドバンテッジパートナーズ喜多慎一郎氏と、グローバルトップクラスのPEファンド、ブラックストーン坂本篤彦氏に登場していただきます。彼らへのインタビューをもとに、プロ経営者やCxOに求められる資質が何かを見ていきます。

PEファンドの目線から見た、理想のリーダー像とは

昨今、世の中が求めるリーダー像が変わってきました。

かつては会社の中でのトップとして振る舞い、強いリーダーシップを発揮するCEOが主流でした。しかし最近では、ハラスメントやコンプライアンスに対する世の中の風潮も受け、社員のことを十分に尊重しながら、協調して経営を行うリーダーが増えています。

CEOがトップダウンで組織を動かしていくよりも、CEOとその他のCxOがチームを組成して会社を運営していく。生え抜き社員からの信頼を獲得し、一緒に会社を向上させようという機運を作っていく。そのためには、多様な人たちを束ね、良好な人間関係を築ける人間性が問われています。

経営人材には、素直さや謙虚さ、人の話を真摯に聞ける傾聴力が求められる

近年ビジネスの世界では、行動経済学や神経経済学など社会科学分野から、統計学など自然科学の分野まで、学術的なアプローチが取り入れられるようになっています。その結果、まったく新しい手法を生み出すのは難しくなってきました。

それよりも、まずは事業をスタートし市場の反応を見た上で、どのように次の手を打っていくかを考えるかが、業績の差を生み出しているのがビジネス界の現況です。

そうした中では、「いかに実行をしていくか」が重視され、現代において多様な価値観を持つ人たちとの協業に注力せざるをえなくなっているのです。

また、様々な企業で海外人材の雇用も増え、宗教やジェンダーについても感度を高めていくことが求められています。多様な人材の価値観に対する理解がなければ、不祥事に直結し、企業ブランドを毀損してしまうこともあるでしょう。

このような状況の中でリーダーに求められるのは、社員を強く牽引するリーダーシップだけでなく、素直さや謙虚さ、人の話を真摯に聞ける傾聴力などが求められているのです。

オーナー企業であれば「俺についてこい」というリーダーシップで会社を牽引するCEOもたくさんいます。しかし、プロ経営者の場合は株主が別に存在するため、そもそもオーナーのように振る舞うことは難しくなります。

いかに社員から信頼を獲得しながら、組織を動かしていくかを考えていかなければいけないのです。

他者理解

とりわけ優秀な経営人材に共通して備わっているのは「自分とは違う相手を理解する」という視点です。

プロ経営者やCxOになる人は、基本的にIQが高い傾向が見られます。そこからより高い結果を出すには、「心の知能指数」と言われるEQが備わっていることが大切です。

EQとは、自分や他者の感情を知覚し、自分の感情をコントロールできる能力のことです。EQの高い人は、傾聴力や共感力が高く、ストレス耐性にも強いといった特徴があります。

当然ですが、経営は1人だけで完結するものではなく、人とのつながりが必ず求められます。たとえ専門知識が高かったとしても、相手の話に耳を傾け、相手の感情に目を向けなければ、その役割は務まらないのです。

このようなＥＱの特性を経営においても発揮し、組織を活性化させていくことが、今の時代では非常に大切です。

「相手の感情を知る。相手の話に耳を傾ける。自分の感情をコントロールする。そんなこと、当然だろう」と思われるかもしれません。ですが、経営に携わる人材ほど、意外とＥＱを意識できていないケースがよく見られるのも事実です。

当然ですが、経営人材は仕事の能力面では他のビジネスパーソンよりも優れているものです。特に商社やコンサルティングファームのように、優秀な人材に囲まれて仕事をしてきた人からすると、中小企業の経営人材として招聘《しょうへい》された際に、これまで一緒に仕事をしたことがないような人材と関わることもあります。

そのため、本人が意識しているかどうかにかかわらず、周りの社員の能力を軽んじて見てしまうところが事実としてあるのです。

能力主義が求められる世の中では、これは当然のことかもしれません。

しかしＥＱの高い人は、自身の仕事の能力とは関係なく、あらゆる立場、あらゆる目線からものごとを考え、相手の感情を想像しようとする姿勢を決して忘れません。

プロ経営者・CxOは、与えられた環境でいかに結果を出すかが求められる存在

この姿勢がなければ、いざ経営に携わったとき「なぜ私の言うことがわからないのか」「なぜ私と同じようにできないのか」などと考えてしまい、相手に過度なプレッシャーを与えてしまいかねないのです。

プロ経営者やＣｘＯの立場になると、これまでとまったく異なる環境で経験を重ねてきた人と関わることになります。今日まで懸命に仕事と向き合ってきた人の思いも背負いながら、経営に携わっていくことになるのです。

そんな人たちに対するリスペクトもなく、相手の心情を理解できなければ、自分自身もストレスを溜めながら役割に徹することになってしまうのです。

プロ経営者やＣｘＯというのは、「与えられた環境でいかに結果を出すか」をこだわらなければなりません。たとえエースストライカーがいなかったとしても、現状の戦力での戦い方を考え、新たな仲間を集めていく。それが経営人材の腕の見せどころです。

「名選手は名監督にはなれない」と言いますが、その理由は選手時代の感覚を監督になってもそのまま引きずっているからです。選手時代のことは一旦忘れ、自分の意識を変えていける人が名監督になれるのです。

自分ごと化

社員から信頼を得るためには、すべてを自分ごとと捉えて、社長自らが率先して働くことが必要。

ブラックストーンの坂本氏はこう口にします。

大企業で長くキャリアを積み重ねていると、そのブランドや凝り固まった組織に依存し、柔軟に動けなくなってしまう人が一定数存在します。また、大企業で出した成果というのは、その人の貢献度が本当に高いのか、外からではわかりにくいものです。

機能が細分化されている企業で働いていると、「自分ではやっていたつもり」「自分の仕事が貢献した実績」と、誤った感覚で自分の手柄だと考えてしまうケースが意外にも多く存在します。そういった働き方をしてきた人ほど、いざ社長になると「社員が思ったような成果を出さない」「社員が動かない」といった不満をこぼすのです。

社員への愚痴を口にするのではなく、今の組織には何が足りないのか、その足りないものを補強するために必要な機能は何か、プロ経営者やCxOはその問題解決も含めてすべて自分ごととして取り組まなければなりません。

また、このような「大企業マインド」の悪い面は、言葉にも表れることがあります。例えば、「うちの会社」というとき。PEファンドが面接をする際も、候補者が自分の前職のことをどう表現しているのか、気をつけて聞いている部分のようです。

このような意識でいると、いざ採用されて外部から入っていったときに「うちの会社ではこうやっていた」と、前職で培った経験のまま経営にあたる傾向が高いのです。ここにも、誤った解釈で「自分ごと化」をしてしまっていることが見て取れます。

当然ですが、大企業でしか味わえない良い経験もたくさんあるはずです。その良い部分は残しながら、それぞれの企業文化をいかに理解し、社員のモチベーションを喚起していくかが大事になるのです。

フェアでオープン

プロ経営者やＣｘＯという人たちは、必ず新たな環境に身ひとつで飛び込み、経営にあたっていくことになります。

その中で、「郷に入れば郷に従え」という姿勢は、PEファンドとの対話の中でも見え隠れするものです。そして、新たな環境での慣習を受け入れる姿勢を持つ人というのは、人の話を丁寧に聞くことができる人でもあります。

PEファンドというのは、プロ経営者やCxOの手腕すべてに任せるわけではなく、PEファンド側からも経営に関する意見を述べていくものです。そのときに聞く耳を持っている人でなければ、経営人材とPEファンドの間で良い関係は築けません。

例えば、投資した会社の成長軌道について仮説を話す際、「前職では〇〇の状況のとき、××という戦略を取り、このような結果になった」という建設的な受け答えであれば話は通じます。前職での経験を踏まえて、「こうすればできるのではないか」と客観的に述べられると、PEファンドからの信頼感も高まっていきます。

このような議論ができるかどうかが、PEファンドと経営人材の関係性において非常に重要な点です。単に、「過去にこうやってうまくいったから、今回もこれでいける」と言うだけでは、相手も不安になるだけなのです。

ブラックストーンの坂本氏は、プロ経営者として成功する人とそうでない人との差は「人間性」だと指摘し、「フェア」「オープン」「謙虚さ」を重要な要素として挙げています。社員とフェアに付き合い、謙虚さをもって人の話を聞き、オープンな議論ができる。そんな人はPEファンドからの信頼も獲得しながら、あらゆる環境で結果を出していける人材といえます。

謙虚さ

前の項目の続きになりますが、プロ経営者やCxOとして活躍する人は、総じて謙虚な姿勢が見て取れます。この土台があれば、どんな人からでも学ぼうと神経を研ぎ澄ますことができます。

人間には、自分と異なる価値観を持つ人や相反する意見を持つ人を排除したいという、本能のようなものがあります。

しかし、会社経営でその本能を発揮してしまうと、組織が成り立たないだけでなく、多角的な視点が排除され、経営に影響を与える危険な兆候や不正を見過ごしたり、間違った方向へと突っ走ってしまったりするケースを数多く見てきました。

多様な価値観を持つ多様な人が集まるからこそ、組織は強くなっていくものです。この認識がなければ、自分の周りにイエスマンばかりを配置する、最悪な組織が生まれてしまいます。

様々な経験を積んだ50代の経営者が、20代の若手から謙虚に話を聞く姿勢がまさに求められます。こうした社長のいる会社の業績は、高い確率で好調なはずです。

ほかにも、経営に携わる人材こそ、失敗を謙虚に受け止める姿勢も大切です。「自分のやり方は間違っていなかった」と振り返るようでは、問題への対処を見誤ってしまいます。「現実こそが正解」であって、そこから謙虚に学ぶ姿勢を持つことです。そうでなければ独善に陥り、事業はうまく回らないばかりか、人からの信頼も得られなくなるでしょう。

良好な人間関係

プロ経営者やCxOは、「結果を出すために何が大切なのか」を、極めて高い次元で常に向き合っている人たちです。その高い次元での結果が求められる中で、向き合わなければいけないのが、「人間関係」です。

組織の中で結果を出すためには、当然ですが1人のハイプレーヤーの尽力だけでは成立し得ません。どれだけテクノロジーが浸透し、確立された手法が生まれようとも、最後には人との関わり合いに立ち返って経営と向き合うことです。

「組織を作る」とは、中の人たちの「関係性」をいかに良くしていくかと同じことを意味しています。経営人材として活躍する人は、外部から招聘されたとしても人間関係の質を高めようとし、逆に失敗するケースの多くはその点をないがしろにしているのです。

結果だけを求めるあまり人間関係がドライになると、組織内はギスギスして雰囲気が悪くなり、人間関係が悪くなる一方です。そんな組織では、別の部署の人を妬んだり、責任を押し付け合ったり、足の引っ張り合いが起こったりします。

経営で結果を出すためには、どれだけ早くても3か月はかかり、3年~5年といった長い年月をかけて向き合っていくものです。しかも、プロ経営者やCxOはたたき上げで経営に就くわけではないため、人間関係をないがしろにして瞬間最大風速で結果を出そうとしても意味はないのです。

もっとも、経営改善に向けて1年の猶予もない状況にある企業なら話は別です。そのようなケースの場合は、まずは会社が存続し続けるために思い切った決断をしていく必要もあります。

「結果さえ出せば、社内の雰囲気も良くなっていくはず」と思ってはいけない

ここで勘違いしてはいけないのは、「結果さえ出していれば、社内の雰囲気も良くなっていくはずだ」と考えてしまうことです。たとえ業績が好調だったとしても、社内の人間関係が劣悪なままでは、いずれは危機が訪れるはずです。

特に最近では、社内の「心理的安全性」の構築が企業の成長に寄与すると言われています。組織内の人間関係が悪化すると、社員のモチベーションや生産性は下がり、仕事は「やらされているもの」となってしまうのです。

経営人材として結果を求めるのなら、まずは良好な人間関係を築くことに力を注ぎ、その上で組織として成果を求めていく。この順番を間違えてはいけません。

自身の特性と会社とのすり合わせ

プロ経営者やCxOには、その会社が持つビジョンや強み、置かれた競争環境から最適な解決策を見出し、実行していく力が求められます。

そのとき、自分の持っている強みと、会社が持っているビジョンに乖離がある場合、必ずすり合わせをする必要があります。

例えば、「付加価値の高い成果を出す」ことを強みとする経営者が、価格勝負のビジネスをする会社を経営する場合、自身の強みとその環境でいかに折り合いをつけるか、柔軟に自分自身とすり合わせなければなりません。

よく見られるのは、大企業の幹部候補生から中小企業の経営者になるケースです。企業規模やビジネスが与える影響の範囲から、中小企業の見方にバイアスがかかり、自身の経験やビジョンのまま経営にあたってしまうのです。

経営のプロとして企業経営に携わるのなら、会社の既存のビジョンやカルチャーと、自分自身との接点を見出していくステップが欠かせません。とはいえ、会社が大切にしてきたビジョンを闇雲に尊重する必要もありません。経営人材が登用されるケースのほとんどは、その組織に対する変革を期待されているからです。

アドバンテッジパートナーズの喜多氏も、ＰＥファンドの考える戦略仮説や組織変革の方向性に沿った人選が成否の分かれ目になる、と述べています。

能力はもちろん重要ですが、プロ経営者やＣｘＯと、その人が入る組織との相性の問題は一定程度存在します。特に難易度が高いのは、やはりオーナー企業の事業承継です。

旧オーナーの個性のようなものが、良い意味でも悪い意味でも組織に染みついている場合が多いので、そこを理解して人選を進める必要があります。また、交代した初日から旧オーナーがまったく来なくなることもあれば、オーナーが残った状態でその下で働く場合もあり、それによっても求められる人物像は変わってきます。ミスマッチを防ぐためにも、候補者の持っている強みを理解し、経営人材としてやりたいことが何かについて、丁寧にコミュニケーションを重ねていくようにしています。

組織のタイプがどうであれ、「フェアでオープンに柔軟に」議論ができることが、プロ経営者やＣｘＯとして活躍できる人材に共通的に見られる傾向です。

自分の思っていること、感じていること、考えていることを周りに率直に話し、自分のやり方に固執せず、私たちＰＥファンドの話にも耳を傾けてくれる人なら、安心して経営を任せることができます。

自己理解

アドバンテッジパートナーズの喜多氏は、プロ経営者やＣｘＯに求められる資質として、「リーダーシップ」「対人能力」「問題解決能力」、そして時間管理も含めた「自己管理能力」の４つを挙げています。

どれだけ素晴らしい戦略を立てることができても、リーダーシップや人間関係の面でつまずくと、成果を得ることは難しいと思います。

社員に動いてもらうには、自らも素早く動き、社員が戦略に基づく施策を徹底的に行えているかどうかを点検し、できていない場合には奮起を促すような働きかけも必要です。

このようなリーダーシップを発揮するためには、良好な人間関係という土壌がなくてはなりません。周囲の人の話をよく聞き、社員をフェアに扱うことが必要です。経営にかかわらず、謙虚な姿勢、真摯な態度は大切なことです。取引先に対して、あるいは社内に対しても、丁寧なコミュニケーションのできる人がうまくいきます。

また当然ですが、どれだけ優れた経営者も、企業経営というのは1人だけで完結することはありません。目指す戦略を実現できる組織を作るには、いかに強い「経営チーム」を構築するかが重要だと私たちは考えています。

セールスやマーケティング、戦略、財務経理、クリエイティブなど、多様な専門性を持つプロを組織に組み込むことで、プロ経営者もよりその力を発揮できるようになります。そして、私たちアドバンテッジパートナーズからすると、この経営チームづくりの支援にこそPEファンドとしての存在価値があるとも言えます。

問題解決や意思決定においては、「普通はこう言われているから、うちもそうしよう」ではなく、一次情報のファクトをフラットに見て、なぜそうなっているのかを考え、アクションにつなげるような意思決定をする能力が求められます。

プロセス志向ではなく結果志向であること、取り組みに対して徹底的な仮説の検証を行うことなども優秀なプロ経営者に共通して見られる傾向だと思います。

自己管理には2つの側面があります。自分で高い目標を掲げ、その目標に向けて主体性を持って自分を管理できることは、経営者にとって重要なスキルです。

さらに、PEファンド投資先の経営者としては、様々なステークホルダーが存在するので、高いコミットメントを持ち、関係者への説明責任を果たすことも同時に求められることになります。

喜多氏のいう自己管理は、「自分のことをよく理解しているか」にもつながる話です。

まずは自分のことを理解し、自分の扱い方を知る。その次に相手のことを理解するために、相手の話を聞き、相手の感情に目を向ける。組織を乱してしまう人ほど、自分のことを十分に理解できず、コントロールもできていない場合が多いのです。

一方で、活躍するプロ経営者やCxOは自分の良い点も悪い点もよく理解しています。

良い点はともかく、悪い点はなかなか自覚しにくいですが、目を向けたくない自身の欠点を知っていることは、経営には欠かせない要素なのです。

自己コントロール

プロ経営者やCxOを供給する際によく出る話は、「組織を壊す人には声をかけないでほしい」ということです。

単に能力が不足しているのなら、チームでカバーしていけばいいのですが、組織を壊してしまう人は手の施しようがないから、というのです。

なぜ組織を壊してしまうのか。

それはまさに前項で挙げたように、自分のことを深く理解できないまま、自身のことをコントロールができないからです。

自分はどんなことが気になり、どんなことでイライラし、ストレスを受けるのか。感情に任せて怒鳴ってしまったり、高圧的に指示を出してしまったりするような人には、誰もついていきたいとは思わないはずです。

新卒で大手広告代理店に入り、海外事業の責任者を任され、外資系コンサルティングファームでリーダーを歴任してきたような人でも、中小企業にプロ経営者として入るとうまくいかないケースは本当に多く存在します。

本人からすれば、経営者として変えていきたいことがあったとしても、社員の働きがのんびりやっているように見えるのか、感情的に指示をしてしまう。一方で、社員からすると外様として入ってくるプロ経営者やCxOが、横文字ばかりを並べて叱咤してくれれば、当然印象が良いわけはありません。

経営のプロとしての情熱も素晴らしいことですが、その情熱すらコントロールできなければ、組織の中で空回りをしてしまうのです。

あらゆる感情をコントロールすることを意識し、場合によっては「演じる」ことができる人の方がうまくいきます。自分の感情もコントロールした上で出すことが必要だと理解し、感情に任せて表現するべきではありません。

つまり、感情の出し方には感覚的な側面と、論理的な側面を持ち合わせることです。ロジカルに話す方がいい場面と、感情に訴えるように話す場面を見極め、使い分けができる人は経営人材として重宝されます。
特に、創業オーナーと連携しながら経営にあたるプロ経営者の場合はより重要です。オーナーは感覚的なところが強かったり、自分の考え方を押し通していこうとしたりするものです。そのような場面でも、プロ経営者はまったく違う畑から「落下傘」としてやってくる立場として、オーナーの感情をもコントロールしながら、社員との関係性を作っていくことが重要になるのです。

専門性を高め、横に展開する

本章の最後に、PEファンドの目線から見て今後のCxOのニーズがどのように変遷していくか、どんなキャリアパスがあるのか、坂本氏のコメントを紹介します。

昨今の傾向として、CxOのような専門性が高い人材の需要が広がっています。以前は専門性よりは常にゼネラルマネジメントのできる人が重宝されていましたが、採用する側からすると運の要素が強く、再現性がありませんでした。

特に、成熟したアメリカ市場には1人で組織のあらゆる領域を管掌できるプロ経営者が存在します。ブラックストーンの関係者だけでも、元GE副会長で、ブラックストーンの投資先支援部隊のヘッドを務めた後、現在はボーイングのCEOのデビッド・カルフーンや、元SAPのCEOで、現在ブラックストーンの投資先支援部隊のヘッドを務めている、ジェニファー・モーガンが挙げられます。

しかし、アメリカのような「なんでもできるプロ経営者像」をそのまま日本に持ち込んでも、ほとんどうまくいきません。

長く企業経営を見る中で、日本企業の特徴として、経営組織よりも現場の方が強い傾向があるように思えます。その意味では、日本では経営者1人に経営を任せるのではなく、現場と共存し、いかにトップがチームプレイを提供できるかがカギを握っているのです。

また、今後は専門性を高めた上で、横に広げていくのが良いキャリアになっていくのではないでしょうか。

例えば、CMOで一定の成果を上げ、それをもとに次にデジタルの領域の専門性を高めていくといった具合です。または、マネジメントや財務の専門性を高めて、ゼネラルマネジメント化していき、経営者を目指していくというのもあるでしょう。

現在の転職市場では、高い専門性を持つ人材を求めているので、専門を極めてCxOとして生きるとしても、経営者として活躍しようとするときでも、若いうちはまず専門性のエッジを立てておけば、業界の垣根を超え横へと進出がしやすいのではないでしょうか。


第4章でも取り上げたように、若いうちは規模が小さくても会社の経営者になること、あるいは事業を丸ごと任せられるような、経営者の疑似体験ができるようなポジションを手にすることに力を注ぐことです。

また、昨今高まっている専門性のニーズに応えるために、自分の得意分野を極めてCxOを目指すルートも検討してもらいたいです。

むしろ、専門性を高めていく方が「一点突破」で有能な人材として評価されやすくなる面もあるでしょう。そこで評価されていくと、自身のキャリアの幅も広がっていきます。ある専門領域のCxOの道を究めたいと突き進んでいった末に、やはりトップマネジメントをやってみたいという気持ちが芽生えるかもしれません。

エッジを立てて専門的な能力を高めたことは、決して無駄にはならないのです。

第6章

プロ経営者・CxOになるためのロードマップ

本書の最後に、実際にプロ経営者・CxOになるためには、どんなキャリアを積んでいけばいいのか、ヘッドハンターの視点から作られたロードマップを参照しながら考察していきます。

プロ経営者・CxOになるためのロードマップ

20代後半〜30代前半　30代後半〜40代前半　40代後半〜

	フェーズ1	トラック	フェーズ2	フェーズ3	フェーズ4
スキルセット	▶配属、現職での経験スキルを磨く ▶成功体験を多く積む	CEOトラック	▶職域にとどまらない経験を積む ▶マネジメント経験を積む ▶経営知識を高めるためにコンサル、MBAも有	▶CEOマイナス1でPL責任等を持ちCEOの疑似体験を積む ▶1社経験の場合は、他環境で再現性高く成果を出せるかに挑戦する	▶CEOとして結果を出し、プロ経営者へ
		CxOトラック	▶職域の中で広い経験を積む。HRであれば、採用、企画、労務、研修等HR全般の広い経験	▶専門領域だけにとどまらず、CEOや隣接領域との協業経験を積み経営視点を身につける ▶ピープルマネジメント経験を積む	▶CxOとして経験を積み、プロCxOへ
		エキスパートトラック	▶より専門性が必要な環境で働く（会計士、コンサル、ファンド、R&D、クリエイターなど）	▶高い実績をだし、周囲からの信頼を勝ち得る ▶タイトルを上げる	▶MDやパートナー、エグゼクティブディレクター、プロデューサー、投資家など
気構え（メンタル）	▶どんな業務でも前向きに取り組む ▶チャレンジの機会を敏感にとらえ、失敗を恐れない		▶どのトラックに進むか、自身の志向性、特性に向いているか、自分自身と向き合う ▶大きなチャレンジ、ストレッチ、環境変化の経験を積む	▶自身の型にこだわらず、多様なリーダーシップスタイルを学ぶ ▶修羅場で逃げずに、胆力を身につける ▶経営人材としての知性、人格を磨く	▶さらなる上昇軌道を描いていく ▶社会への貢献や後進の育成

フェーズ1 与えられた業務で奮闘する

本書を読む人の多くは、高校もしくは大学卒業後、どこかの企業に就職をしていると思います。一部の職種別採用を行う企業をのぞき、配属に関する希望が聞かれることはあっても、基本的に自分から職種を選ぶことはできません。

こうした状況の中で、フェーズ1では配属された場所で現場でのスキルを磨いていくことになります。これまでプロ経営者・CxOのインタビューでも見てきましたが、まずはどんな仕事でも前向きに、全力で取り組むことです。ここで小さな成功体験を積み重ねながら、自信を作り上げていきます。

フェーズ1で大切なのは、たとえ自分の能力よりも困難な業務や、やりたくないと思える仕事であっても、まずは失敗を恐れずにチャレンジすることです。若いうちは失敗が許される立場でもあるので、駆け出しのうちにチャレンジして失敗も重ねておくことです。

実際に、多くのプロ経営者やCxOも、フェーズ1の段階では望まない仕事と向き合いながら現場で奮起してきた過去もあることは付記しておきます。

フェーズ2 能力を伸ばし、キャリアの方向を定める

次にフェーズ2です。フェーズ2での職位としては、リーダーから課長、マネージャークラスが該当します。私たちは各フェーズを移り変わる時期、年齢も重要だと考えていますが、このフェーズ2には20代後半から、遅くても30代前半までに入っておきたいところです。

ここからは3つのパターンに分かれていきます。

1つ目は、プロ経営者を目指す人。2つ目はプロ経営者以外のCxOを目指す人。3つ目はCxOよりも狭い領域で、専門職のエキスパートとして経験を積み上げていく人です。

3つ目のケースは、とにかく現場が好きな人で、年齢や経験値が上がってもマネジメント職を目指すより、よりプロフェッショナルな仕事を追求していくような人を指します。こうした人材は専門性を極めることに心地よさを感じるので、本書でいうCxOとはまた別のロードマップを歩んでいくことになります。

この3つのパターンは、すべてキャリアにおいて高みを目指す人に当てはまるもので、

与えられた仕事だけを行うような労働者（ワーカー）は、これらのロードマップからは逸れていくことになります。

もちろん、目指すキャリアが変わることもありますが、フェーズ2の時点ではプロ経営者の道に進むのか、それともCxOの道に進むのか、自身の志向と照らし合わせながら、ある程度方向づけていく段階になります。

例えば、経営の全体を把握して動かしたい、ゼネラルマネジメントをしたいということであれば、プロ経営者へとキャリアを方向づけていきます。また、人事、経理財務、マーケティングなど、ある分野を極めたいというのであれば、CxOへの方向づけになります。参謀タイプでCEOの線はないと考えるCSOもいますし、人や組織を動かすことには興味がなく、数字やファクトに関心があるからCFOを極めていくという人もいます。

要は、自分がどこに強みや才能を感じられるかによって、プロ経営者・CxOの道が分かれていくようなイメージです。

プロ経営者の場合は、前提として職域に留まらない経験を積むことが必要不可欠です。また、フェーズ2の段階では数人程度の小さな集団であっても、リーダーとして組織をマネジメントする経験を積み上げることが理想的です。

もし、新卒で入社した企業での配属が、経営者への直線上にない部署の場合は、コンサルティングファームに転職したり、MBAを取得したりするのも1つの手です。

ほかにも経営に必要な知識やスキルとして、戦略やファイナンス、マーケティングの知識の習得、経験を積むことも必要になってきます。


一方、CxOの場合は特定の職域の中で、幅広くスキルを身につけられるような経験を重ねていくことです。例えば、CHROでいえば採用や研修だけに特化するのではなく、人事制度、労務管理など、人事業務の中での知見を広げていくことです。

ここのフェーズでは、転職を含めた「大きな環境変化」を求めることが必要になる場面でもあります。同じ職場の中でできることばかりを行っていては、ともすれば「ぬるま湯」に浸かることになってしまうのです。

プロ経営者やCxOに共通する思考として、「あえて厳しい環境に身を置く」ことがありますが、それには環境を大きく変えることも含まれています。このように考えると、その方法は転職だけでなく、社内での部署異動でも変化は期待できるのでしょう。

これまでのルールが通じない職場や、カルチャーの異なる組織のように、環境が大きく変化するところでも、ビジネスパーソンとして再現性高く成果を出せる。これがフェーズ2の段階では大切になるのです。

フェーズ3 プロ経営者・CxOになるための準備をする

40代後半までのキャリアの積み上げ方により、経営人材になれるかどうかが決まる

次にフェーズ3です。ここは40代前半までに入っておきたい局面で、理想を言えば30代後半までにスタートしておきたいところです。

私たちの経験上、このフェーズ3を40代後半までに経験していなければ、プロ経営者やCxOになった人の事例は一気に少なくなってしまう印象です。そのため、キャリアを前倒しできるよう、できるだけ早い段階から修羅場に身を投じて挑戦する経験が大事になるわけです。

プロ経営者を目指す場合、フェーズ3の段階ではCEO直下で事業責任者や、PL責任を負う立場など、CEOの疑似体験を積むことが重要になります。

CEOといえども、誰でも最初は未経験からはじまります。しかし、それでもプロ経

営者になろうとするからには、経営に関係する経験を積んでいる場合がほとんどになります。

また、プロ経営者にはPLの経験だけでなく、BSやキャッシュフローといった財務全般に加え、人事を含めた企業経営の活動全般もある程度精通している必要があります。

ただ、はじめからここに挙げたすべての経験を積み上げるのは簡単ではなく、まずは事業責任者とPLの責任を負う立場、ということになるわけです。

もう1つ、フェーズ3の段階では、大きく環境を変える意味でも、一度は転職をしておくことをおすすめしています。一度も転職をせずに、社会人として1社で長く過ごしていきなり経営人材になるケースは、ゼロではないにせよ、ほとんど存在しないからです。

だからこそ、外様として経験を積み重ねていきながら、経営人材に就いていくしか道はないのです。

プロ経営者をのぞいたCxOを目指す人は、フェーズ3では引き続き現場のリーダーとして、マネジメント経験を積むことが求められます。

また、専門領域にとどまらず、経営人材や隣接領域との協業経験を積むことが大切です。

具体的には、自分の領域以外の各経営機能がどのようなメカニズムで動き、どのような意思決定のプロセスをたどっているのかを理解しようとすることです。

CxOの役割は、CEOを中心とする経営チームの一角を担うため、CEOや他のCxOが考えていることをある程度は頭の中で理解できていなければなりません。CFOの場合であれば、CMOやCHROがどのように考えているかを把握した上で、数字や財務の責任を負う立場として協業していくことが求められるのです。

ここまでの経験を積み上げた上でフェーズ4に入り、実際にプロ経営者・CxOとして活躍していくことが、私たちが理想とする経営人材ロードマップになります。このフェーズ4には40代後半までにたどり着いていると、その後の上昇軌道が描きやすくなっていくでしょう。

プロ経営者・CxOのコンピテンシー

これまで様々なプロ経営者・CxOと接してきた中で、私たちは経営人材に求められる特徴的なコンピテンシー（能力や行動特性）があると考えています。それは、戦略性、組織化、人間性、変化対応力の4つのコンピテンシーです。

当然ですが、プロ経営者やCxOになる人は、みな優秀な人材ばかりです。そんな彼ら、彼女らはこれら4つのコンピテンシーを前提として備えていますが、話を聞いていく中で、企業経営におけるシチュエーション・個人の特性ごとに異なる能力を発揮し、行動をとっていることに気づかされます。

そこで、次のマトリクスを通して、プロ経営者が企業の置かれた状況に合わせ、どのような立ち回りをしてきたのかを見ていきます。

ケース①ショーワグローブ星野氏（戦略性×変化対応力）

星野氏は人間性に優れた方ですが、ノーリップレシジョンに参画したタイミングでは、何から手をつけるべきか勝ち筋が見えていなかったと言います。「この会社を買ったPEファンドは何を考えているのか?」と思ってしまうような状況だったのです。

そこで星野氏は、「写真事業を守り、小さな事業を伸ばし、新規事業を作る」(守る、伸ばす、作る)という社員が見てもわかりやすい言葉で戦略を打ち出していきます。

結果的に今では売上の50%以上は新規事業というターンアラウンドを達成しました。また、事業を作る経験を通し、同社の社員は新規事業に対する嗅覚が磨かれていき、より強固な組織が生まれてきました。

新規事業も簡単に成功するものではなく、星野氏は企業変革のタイミングでは、戦略性と変化対応力をフルに発揮していったのです。

4つのコンピテンシーのマトリクス

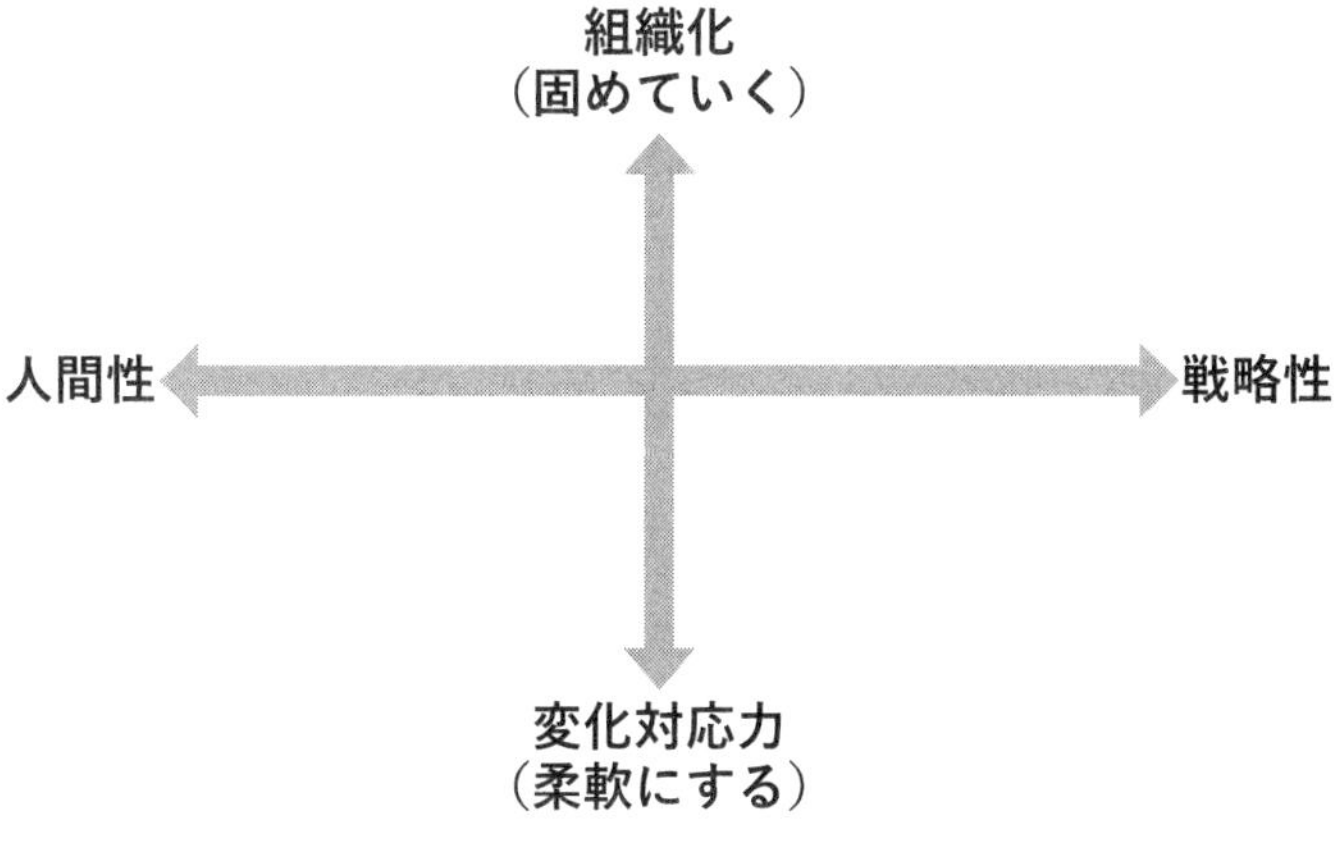

ケース②ベイシア相木氏（人間性×組織化）

私たちが見てきた相木氏は、戦略性と人間性を兼ね備えた経営者、という特徴を持っています。

「分析的な能力はコンサルで磨けるが、それだけではビジネスは動かせない。まずは事業会社で経験を重ね、事業づくりを理解した上で、またコンサルに戻ろう」

最速で経営能力を磨ける会社として、ベイン・アンド・カンパニーに参画した相木氏ですが、右の点に気づき、一度事業会社に転職した上で再びコンサルへと戻っていくキャリアを歩んでいきます。

ロジックだけでは人は動かせないことを知る相木氏は、100人以上もの社員と丹念に1on1を行っていると言います。その目的も、はじめに自分で考えた仮説をチューニングするためです。さらには、1on1を通して、「この会社の中で変えられる人は誰か？」を観察しながら話を聞き、それを組織構築へと生かしています。

「ほとんどの社員は『こうすべき』という答えを持っているものの、人的リソースの足し算だけでは芸がない。だから、自身のビジョンとかけ合わせて、先の未来を社員に指し示すのが経営者の仕事だ」。こう相木氏は述べています。

ケース③ JMDC松島氏（戦略性×組織化）

投資家兼プロ経営者の松島氏は、多くの修羅場をくぐり抜けてきた人材の1人です。

また、松島氏は経営者の立場について、企業における最終ラインにいる感覚を持っています。「経営者として真価が問われるのは、厳しい局面において自分自身がどう立ち振る舞い、修羅場から逃げないかが問われている」と言います。

「経営とは、誰かによって差配される世界ではなく、経営者自身の意思決定次第で状況が変わる」。こう考える松島氏は、常に自身の戦略性をよりどころにしながら、社員やオーナー、PEファンドの心境の変化を察知し、いかに負けないゲームをするためのチームを作っていくかに目を向けています。

プロ経営者といえども、オーナーやPEファンドと伍していくには、ある種の創業者としてのマインドが必要という松島氏は、常に「戦略性×組織化」のコンピテンシーを発揮しているのです。

ケース④カチタス新井氏（人間性×変化対応力）

新井氏はベイン・アンド・カンパニーで高度な戦略コンサルティングを経験した後、コロンビア大学でＭＢＡを取得された、一流の戦略家です。ＭＢＡ修了後はコンサルティングに戻るのではなく、リクルートで住宅事業や営業部門長などを歴任し、現職のカチタスに入社します。

現在の会社経営に取り組む中で、戸建て住宅の再生では物件仕入れのリソースを変えたことが大きな変革だったと述べています。

もともとは競売となった物件を買い取るという仕入れ方法を採っていたのですが、空き家を買い取る方法に変え、リフォームして付加価値をつけた上で販売するというビジネスモデルにチェンジしました。

これは天から降ってきたアイデアではなく、競売物件をなかなか競り落とせないという現場からの苦しい声が届く中で、現場にヒアリングして新しい取り組みを探していたところ、地方店舗で空き家を買い取ってリフォームして売るという方法を試行していて上手くいった、という話を聞きつけたものでした。

当時は空き家が今よりも話題ではありませんでしたが、結果的に社会問題化する前に取り組むことになり、オーナーの困りごとも解決できる「三方よし」を実現されているのです。ビジネスを追求しつつ、社会課題の解決にもつなげたすばらしい事例といえます。

トラックレコードを作るために

すでにプロ経営者・CxOとして活躍する人材の傾向も踏まえ、トラックレコードを作るためのポイントについて述べていきます。

まず、すべての経営人材に共通する心構えとしては、どんな場面に直面しようと、どんな人と出会おうと、あらゆる機会から学ぼうとしていることです。彼ら、彼女らは地続きのキャリアで徐々にリーダーになるのではなく、非連続な試練に直面しながら、自身の能力以上のものでもストレッチし、それを乗り越えていく経験を持っています。

特に、学生時代からリーダーでなかった人がリーダーになっていく過程では、必ずそうした試練を経ています。その1つが、コンサルでの経験です。

よくプロ経営者やCxOを目指す人から、「コンサルの経験はあった方がいいのでしょうか」と問われることがあります。

私たちが見てきた中では、コンサルを経験していないプロ経営者もいるため、必要条件とは言い切れません。ただ、コンサルで働くということは、否応なしにストレッチ経験が求められることも事実なのです。

さらに、コンサルタントとして職能を磨き続けるだけでなく、そこから離れて事業会社などに転職をすれば、二度にわたって大きなストレッチ経験をすることになるでしょう。

リーダーの必要条件は「リーダーになろうとする」こと

プロ経営者にしろ、CxOにしろ、組織を束ねるリーダーになるということに違いありません。

もしかすると、生まれながらに備わっているリーダーとしての資質のようなものもあるかもしれませんが、ほとんどは本人の様々な能力と、環境との組み合わせから身につけていくものです。

リーダーになるための覚悟がなければ、決してリーダーにはなり得ない

私たちから1つだけ言えるとすれば、リーダーになるための必要条件は、「リーダーになろうとする」ことです。当たり前のことに思えるかもしれませんが、リーダーになる気がない人には、決してリーダーになることはできません。経営人材を目指すならば、その覚悟が問われているのです。

プロ経営者になりたいのであれば、まずはどんな形でもいいから、社長業を経験する。CxOになりたいのであれば、まずはどんな形でもいいから、特定の領域でのマネジメントを経験する。身も蓋もありませんが、そうすることでしか経営人材にはなれないのです。

特に若いうちは自分の力を過信しがちで、MBAを取得したり、コンサルを経験していたりすると、自分はどのようなポジションでもできるという勘違いをしてしまうものです。しかし、経営人材を採用する立場からすると、これらの立派なポジションよりも、小さくても事業を丸ごと任された経験や、リーダーシップを発揮した経験を持つ人の方が魅力的に映ってしまうのです。

こうした機会が訪れたら、本書で何度も述べているように、怯まず、躊躇することなく飛びつき、そこで奮闘することが、経営人材へと近づく第一歩です。

自律的なキャリアの先に、経営人材への道が拓けていく

私、荒井が経営者になるまでの変遷についても述べておこうと思います。

私はリクルート（当時は日本リクルートセンター）に入り、そこから社会人をスタートしました。そこで就職ガイドの営業や、東京で新規事業に携わっていきました。その後は課長へ昇進し、小さいながらもPL責任を持ちました。振り返るとこのあたりまでの経験がフェーズ1と2の段階に当たると思います。

続いて、当時の上司が創業した求人メディア「Type」を運営するキャリアデザインセンターに転職し、大きな環境変化を味わうことになります。ここでは営業部長、専務取締役を経験できたので、ここまでが私のフェーズ3でした。

キャリアデザインセンターでは子会社の社長を務めた後、現在の仕事につながる人材紹介の仕事と出会うことになります。ヘッドハンターは企業からも転職者からも喜んでいただける仕事で、「世の中にこんな素晴らしい仕事があるのか」と素直に思うことができ、これを一生の仕事にしたいと考えるようになりました。

しかし、キャリアデザインセンターの事業における方針と、私が本当にやりたいことに乖離が出ていることに気づいていきます。

キャリアデザインセンターは規模を拡大し、テクノロジーを活用して自動でマッチングを行い、上場を目指そうと志向していました。一方、私は小規模であってもハイクラスの転職者のマッチングを行い、プロ経営者やCxOを輩出することで世の中にインパクトを与えたいと考えるようになっていきました。

この思いを実現するには、独立しか道はありませんでした。こうして、私は2000年に現在のキャリアインキュベーションを立ち上げることになります。

私たちがお手伝いをした経営人材が、企業を変革させ、さらなる成長へと導くことで、世の中にインパクトを示していく。私たちとしても、ヘッドハンターとして間接的に日本経済や日本社会に貢献できるのではないか、というのが創業以来変わらぬ経営理念になっています。

20年以上、企業を経営してきた1人の人間として、キャリアを振り返ると大切にしてきたことに気づきます。

それは、常にキャリアを「自律的」に捉え、行動してきたことです。

そして、自律的に作っていったキャリアの先に経営人材の道が拓かれると信じています。

私は、プロ経営者やCxOのキャリアにチャレンジする人が、日本で5％でも増えていけば、日本経済は変わるのではないかと真剣に思っています。

今の若者は安定志向が強まっている一方、キャリアに対して貪欲な人もたくさん見てきました。

もし、自らの手でキャリアの高みを目指していきたいのなら、どうか自律的に、そして貪欲に経験を積み重ねていただきたいと思います。

皆さんにとってのチャレンジが、素晴らしいキャリアの旅となりますように。

おわりに

小杉俊哉

お読みいただきありがとうございました。どのような感想を持たれたでしょうか。

2020年、22年と続けて「持続的な企業価値の向上と人的資本に関する研究会報告書」、通称「人材版伊藤レポート（2・0）」が発行されると、人材を資源から「資本」へと捉え、企業の価値創造のために人材への投資を行う方向性が示されました。

岸田首相も2022年にはリスキリング、転職や副業を受け入れる企業への支援、キャリアアップ助成への取り組みなど、今後5年間で1兆円もの人材投資を表明しました。

これらから見えてくるのは、キャリア形成の責任が企業から個人へ移行し、今後ますます人材の流動化を促されること、そして、組織の各部門が連携しながら企業戦略を実現する、より高度で活性化した経営組織となっていく要請があるということです。

このような背景から、いま再び『職業としてのプロ経営者』の続編と言える本書の出版と相成りました。前著でも書いた内容、求められる経営人材像は、時代背景やテクノロジーが変化した今でも変わらないことがわかります。本書では、プロ経営者、CxOになるための「絶対法則」という形で、前著で指摘した点をより明確に、やるべきこと、あるべき姿勢、そしてキャリアルートを示せたと思っています。

私（小杉）のこれまでの経験を振り返ると、新卒では日本企業で海外営業と法務を行い、私費留学を経て外資系経営コンサルティング会社に入りました。その後、一部上場企業ながらオーナー系の企業に33歳で転職をしますが、そこで創業会長から突然人事総務部長を「やれ」と命令されます。人事総務の職務をやったことも、部下を持った経験もない状態からのスタートでした。

そんな折、15人の部下からの監禁・つるし上げに会うなど、管理職としての洗礼を受けます。そこから1人ひとりと向き合い、徹底的に話し合う中で、徐々に信頼を獲得していきました。その際、過去の経歴や今の会社での役職はなんの役にも立ちません。

その後、ヘッドハントで人事の責任者として入った外資系企業では、大規模なレイオフの一環により、日本法人も大幅な人員削減を行わざるを得なくなりました。その全責任を負い、人員削減数を最小にするという決断を下し、社長以下の取締役、ディレクターと報酬の高い人から退職してもらうことにしました。

もちろん、最後はディレクターであった自分自身をクビにしました。それが幹部社員の退職を説得するための必須条件だと考えたからです。

ここで紹介した以外にも、私のキャリアは数多くの失敗や苦難の連続でした。

さて、お気づきの通り、これらは本書で紹介したプロ経営者・CxOが経てきた試練、修羅場と共通しています。これらの経験がすべて私の糧となり、大学での講義や企業研修、コンサルティング、社外取締役、社外監査役、顧問、さらには本書のような著者としての礎となっているのは紛れもない事実です。

人は理論だけでは納得しません。自らの生き様やご縁をいただいた人たちとの間で紡がれた実体験によって、その人の人間性が滲み出て、人を動かすことができるのです。

これからプロ経営者やCxOを目指すのなら、たとえそれが失敗だとしても、チャレンジしたものはすべてあなたの糧となることをお伝えしておきたいと思います。そのチャレンジのきっかけは、上司の指示や人からの依頼でも構いません。

チャレンジを引き受けた以上は、自らの責任において行う「自律」と、結果まで責任を負う覚悟を持つ「自責」だけは忘れずに取り組んでいただきたいです。

この本があなたのキャリアの方向性や決断に少しでもお役に立てば幸いです。

［著者略歴］

荒井裕之（あらい・ひろゆき）

キャリアインキュベーション株式会社 代表取締役社長
日本リクルートセンター（現リクルート）での営業マネージャーを経て、キャリアデザインセンター（現在は東証プライム上場）の創業に参画。同社では専務取締役、人材紹介子会社社長を歴任。
2000年にキャリアインキュベーションを創業。30年以上人材ビジネスに関わる中で、プロ経営者やCxOの採用支援を数多く手がける。

小杉俊哉（こすぎ・としや）

THS経営組織研究所 代表社員
早稲田大学法学部卒業後、NEC入社。米国マサチューセッツ工科大学スローンスクールへ私費留学。

経営科学修士修了後、マッキンゼー・アンド・カンパニーインク、ユニデンとアップルで人事責任者を務め、独立。

慶應義塾大学大学院政策・メディア研究科准教授、同大学大学院理工学研究科特任教授などを歴任。他に、ふくおかフィナンシャルグループ・福岡銀行などで社外取締役・監査役を務める。

主な著書に『起業家のように企業で働く』『職業としてのプロ経営者』（クロスメディア・パブリッシング）、『リーダーシップ3.0』（祥伝社）などがある。

プロ経営者《けいえいしゃ》・CxOになる人《ひと》の絶対法則《ぜったいほうそく》

2023年8月1日　初版発行
2024年4月11日　第4刷発行

著　者　荒井裕之／小杉俊哉

発行者　小早川幸一郎

発　行　株式会社クロスメディア・パブリッシング
〒151-0051 東京都渋谷区千駄ヶ谷4-20-3 東栄神宮外苑ビル
https://www.cm-publishing.co.jp
◎本の内容に関するお問い合わせ先：TEL（03）5413-3140／FAX（03）5413-3141

発　売　株式会社インプレス
〒101-0051 東京都千代田区神田神保町一丁目105番地
◎乱丁本・落丁本などのお問い合わせ先：FAX（03）6837-5023
service@impress.co.jp
※古書店で購入されたものについてはお取り替えできません

印刷・製本　株式会社シナノ

　ISBN978-4-295-40855-0　C2034